두려움 극복! 자신감 쑥쑥!

별별 남매의 위기 해결 프로젝트

별별 궁금증
어린이 생활 안전

기획 및 감수 | 세이프키즈코리아

1988년 미국에서 창립되어 세계 각국에서 활동하는 국제 아동 안전 기구
세이프키즈(Safe Kids Worldwide)의 한국 법인이다.
2001년 송자 전) 교육부 장관, 황의호 전) 연세대 의대 학장이 국제 본부의 승인을 받아 설립했다.
현재는 박희종, 이영구, 황의호, 홍종득 공동 대표가 이끈다.
어린이가 안전한 세상을 만들기 위해 교육, 캠페인, 콘텐츠 개발, 법 제도 개선 건의 등을 통해
어린이 안전사고 ZERO化에 적극 앞장서고 있다.

- 홈페이지 　www.safekids.or.kr
- 유튜브 　www.youtube.com/@safekids7179

글 | 홍옥

어린이가 호기심을 갖고 공감할 수 있는 이야기가 무엇일지 궁리하며,
365일 24시간 두뇌 풀가동 중인 어린이책 작가이자, 편집자이다. 지식교양서와 만화, 동화를
넘나들며 보다 알차고 재미있는 콘텐츠를 만들기 위해 다양한 도전을 멈추지 않는다.
쓴 책으로는 『EBS 초등 어맛!』 시리즈, 『해피팸 퀴즈북 : 우리말 편』 등이 있다.

그림 | 유재영

통통 튀는 캐릭터와 재기 발랄한 표현으로 책 읽는 기쁨을 선사하는 아동 만화 작가이다.
요미우리 국제 만화전 금상, 대한민국 창작 만화전 카툰 부문 대상을 수상했으며,
환경 만화전과 청소년 만화전을 포함한 다수의 공모전에서 심사 위원을 맡았다.
그린 책으로는 『숨은 그림 찾기 원정대』, 『미스터리 차일드 클럽』 시리즈,
『옥효진 선생님의 과학 개념 사전』 등이 있다.

두려움 극복! 자신감 쑥쑥!

별별 남매의 위기 해결 프로젝트

별별 궁금증?
어린이 생활 안전

메가스터디BOOKS

추천하는 글

여러분은 '안전'이 왜 중요한지 생각해 본 적 있나요?
혹시 나와는 먼 이야기라고 느끼진 않나요?

위험은 그렇게 멀리 있지 않아요.
아침에 학교 갈 때, 운동장에서 축구할 때, 친구들과 쇼핑할 때처럼
사소한 일상 곳곳에 숨어 있거든요.
무심코 지나쳐 버린 작은 일이 언젠가 큰 위험으로 닥칠 수 있어요.
여러분이 점점 성장할수록 다양한 위기 상황에 노출되기도 쉬워요.

그래서 **〈별별 궁금증 : 어린이 생활 안전〉**이 탄생했답니다.
생활 속에서 일어날 법한 위기부터 최근 사회 문제로 떠오른 사건·사고까지
어떤 위험이 다가와도 두려워하지 않도록 자신감을 쑥쑥 키워 줄 거예요.

세상에는 소리 소문 없이 몰래 다가오는 위험도 있지만,
미리 알면 예방할 수 있는 일들도 참 많아요.
언제 어디서 누구에게나 일어날 수 있는 위험에 똑똑하게 대비하고,
올바르게 행동하는 방법을 안다면
여러분의 오늘과 내일이 훨씬 행복해진답니다.

안전은 나의 이야기이고, 우리의 생활이에요.
알면 알수록 흥미진진한 안전의 세계로 힘차게 첫걸음을 내딛어 봐요!

어떤 위험 앞에서도 당당할 여러분을 기대하며
세이프키즈코리아

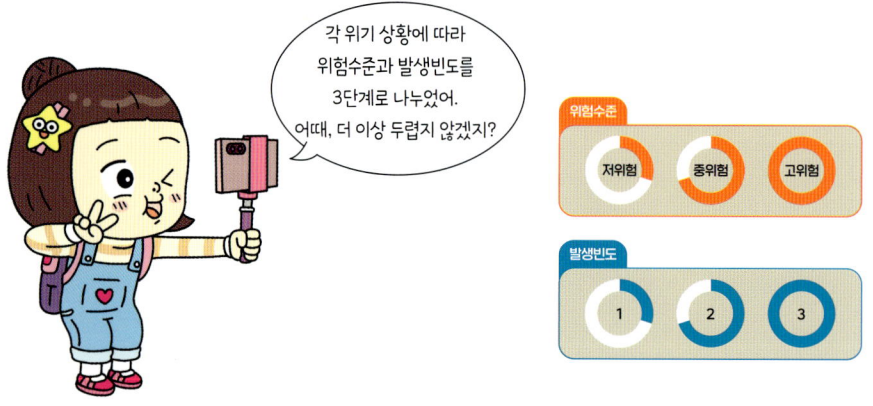

각 위기 상황에 따라 위험수준과 발생빈도를 3단계로 나누었어. 어때, 더 이상 두렵지 않겠지?

위험수준: 저위험 / 중위험 / 고위험
발생빈도: 1 / 2 / 3

등장인물 소개

별별이
동에 번쩍, 서에 번쩍 날아다니는 백과사전. 풍부한 지식으로 별별 남매의 궁금증을 시원하게 해결해 준다.

골든
때론 개구쟁이처럼 때론 척척 박사처럼 반전 매력을 뽐내는 반려견. 별별이와 환상의 호흡을 자랑한다.

"요리조리 호기심이 많은 우리는 별별 남매예요!"

연년생 누나 / 연년생 동생

요리
365일 24시간 궁금한 게 많은 엉뚱 요정. 100만 너튜버를 꿈꾸며, 스마트폰을 분신처럼 들고 다닌다.

조리
말보다 행동이 앞서는 사고뭉치. 위기에 곧잘 빠지지만 정작 할 줄 아는 게 많지 않다는 점이 함정이다.

요리 친구

하니
규칙을 좋아하는 바른 생활 소녀. 평소에는 차분하지만 별별 남매와 함께할수록 점점 닮아간다.

조리 친구

방국봉
멋진 척, 용감한 척을 잘하는 잘난 척쟁이. 요리를 짝사랑하며, 주위의 인기를 독차지하고 싶어 한다.

아빠
어떤 상황에서도 다정함을 잃지 않는 이 시대의 밀크남. 엄마 말이라면 꼼짝 못 한다.

엄마
칭찬과 채찍을 번갈아 사용하는 걸 크러시. 별별 남매 때문에 나날이 목소리만 커진다.

차례

1 화들짝, 일상 속 위기
생활 안전

엎치락뒤치락 화장실 쟁탈전　12
- **위기 상황** 화장실 바닥에서 주르륵 미끄러졌다

내 발가락에 불이 났어!　14
- **위기 상황** 책상 모서리에 발가락을 찧었다

갑자기 쏟아진 물줄기 때문에…　16
- **위기 상황** 목욕하다가 쪼르륵 귀에 물이 들어갔다

떨어질까 봐 조마조마해!　18
- **위기 상황** 엘리베이터가 덜컥 멈추더니 갇혀 버렸다

어두울 땐 팝콘보다 계단　20
- **위기 상황** 깜깜한 영화관 안에서 자리를 찾다가 넘어졌다

누가 나 좀 구해 줘!　22
- **위기 상황** 팬 미팅에 사람들이 몰려들어 숨을 쉴 수가 없다

하마터면 큰일 날 뻔했어!　24
- **위기 상황** 젖은 손으로 콘센트를 만졌는데 찌릿찌릿했다

과연 냉동실에 숨겨 둔 것은?　26
- **위기 상황** 집 안의 모든 불이 나가 버렸다

방국봉의 특별한 생일 선물　28
- **위기 상황** 풍선 안에 든 헬륨 가스를 마시고 숨을 쉴 수가 없다

친해지려면 시간이 필요해!　30
- **위기 상황** 새 운동화를 신다가 물집이 잡혔다

화장실에 들고 갔다가 그만…　32
- **위기 상황** 볼일을 보다가 스마트폰을 변기에 퐁당 빠뜨렸다

달콤해 보이지만 위험한 젤리　34
- **위기 상황** 캡슐형 세제를 젤리인 줄 알고 삼켜 버렸다

냉장고 속 우유도 다시 보자!　36
- **위기 상황** 우유를 마시고 배가 부글거린다

땅콩 막대 과자는 다 내 거!　38
- **위기 상황** 과자를 먹었는데 온몸이 간지럽다

다디달고 다디단 아이스크림　40
- **위기 상황** 밥을 먹었는데도 아이스크림이 자꾸 먹고 싶다

아뿔싸! 풍선껌을 씹은 채 잠든 요리　42
- **위기 상황** 머리에 찐득찐득한 껌이 달라붙었다

상처로 남은 한판 승부　44
- **위기 상황** 피구를 하다가 공에 얼굴을 맞았다

초대받지 않은 손님의 공격　48
- **위기 상황** 성묘하러 갔다가 벌에 쏘였다

모기와의 전쟁에서 이긴 자는 누구?　50
`위기상황` 모기가 앵앵거려 잠을 잘 수 없다

내 신발 돌려줘!　52
`위기상황` 계곡물에 신발이 떠내려갔다

이럴 때일수록 침착해야 해!　54
`위기상황` 수영을 하다가 발이 땅에 닿지 않는다

목이 말라서 어쩔 수 없어!　56
`위기상황` 물을 안 챙긴 채 산에 올라갔다

지나친 욕심은 화를 부른다!　58
`위기상황` 샌들을 신고 산에 올라갔다가 발을 삐끗했다

빨라도 너무 빨라!　60
`위기상황` 내리막길에서 킥보드로 쌩쌩 달리다가 넘어졌다

2 어질어질, 뜻밖의 응급 상황
응급 처치

용감한 소녀들의 재빠른 응급 처치　64
`위기상황` 할머니가 가슴을 부여잡고 쓰러지셨다

사탕 때문에 웃다가 울다가…　66
`위기상황` 웃다가 사탕이 목에 걸렸다

누구 말이 맞는 걸까?　68
`위기상황` 코를 후비는데 주르륵 코피가 났다

따끈따끈하다 못해 너무 뜨거워!　70
`위기상황` 맨살에 붙인 핫팩이 너무 뜨겁다

즐거운 분위기를 얼어붙게 만든 것은?　72
`위기상황` 캠프장에서 멧돼지를 만났다

3 SOS! 하늘, 땅, 바다에 숨은 위험
교통안전

한눈팔다 지나친 표지판   78
- **위기 상황** 나도 모르게 공사장에 들어갔다

빨리 떡볶이를 먹고 싶은 마음에…   80
- **위기 상황** 횡단보도를 건너는데 신호가 바뀌어 버렸다

모범생을 좀비로 만든 스마트폰   82
- **위기 상황** 스마트폰을 하다가 전봇대에 부딪혔다

때와 장소에 맞는 패션이 중요해!   84
- **위기 상황** 자전거 체인에 옷이 빨려 들어갔다

편안함보다 더 중요한 게 있어!   86
- **위기 상황** 안전벨트를 살짝 풀었는데 차가 급정거했다

설마가 사람 잡는다!   88
- **위기 상황** 숨바꼭질하는데 갑자기 주차된 차가 움직였다

위기의 순간, 요리가 잡은 것은?   90
- **위기 상황** 버스에서 꽈당 넘어질 뻔했다

조리의 배 속까지 흔든 난기류   92
- **위기 상황** 비행기가 갑자기 덜커덩 흔들렸다

4 꿀꺽, 위험천만 재난 상황
재난 안전

왜 있는데 쓰질 못해!   96
- **위기 상황** 소화기 사용법을 깜빡 잊어버렸다

남의 음식을 함부로 먹으면 안 돼!   98
- **위기 상황** 친구의 것을 한 입 먹었는데 열이 난다

콜록콜록 핼러윈 데이   100
- **위기 상황** 마스크를 잠깐 벗었을 뿐인데 목이 아프다

5 안절부절, 나를 괴롭히는 위협
폭력 예방 및 신변 보호

무례한 전학생 퇴치 작전   106
- **위기 상황** 친구가 자꾸 이상한 별명으로 놀린다

난 돼지 보스는 싫어!   108
- **위기 상황** 채팅창이 이상한 이모티콘으로 도배됐다

보이지 않지만 내 거야!   110
- **위기 상황** 친구들이 내 모바일 데이터를 빼앗아 공짜로 사용한다

5 안절부절, 나를 괴롭히는 위협
폭력 예방 및 신변 보호

혼자보단 둘, 둘보단 셋이 좋아!　112
위기상황 친구들이 나만 빼고 논다

싫을 땐 싫다고 말해!　114
위기상황 편의점 사장님이 귀엽다면서 볼에 뽀뽀한다

누가 대체 이런 짓을 한 거야?　116
위기상황 마음대로 올린 친구의 사진이 이상한 형태로 떠돌아다닌다

받고도 당황스러운 선물　118
위기상황 오픈 채팅에서 알게 된 사람이 단둘이 만나자고 한다

슬픔은 나누면 반으로 줄어든다!　120
위기상황 친구가 더 이상 살고 싶지 않다고 말한다

맛있는 거에 넘어가지 마!　122
위기상황 처음 본 사람이 직접 길을 알려 달라고 한다

빠르다고 다 좋은 건 아니야!　124
위기상황 혼자 지름길로 가는데 수상한 사람이 따라온다

난 누구? 여긴 어디?　126
위기상황 사람들이 많은 곳에서 그만 길을 잃었다

6 파이팅! 슬기로운 중독 탈출
약물 및 사이버 중독 예방

빨리 낫고 싶은 마음에…　130
위기상황 감기약을 여러 알 먹었는데 배가 아프다

쉽고 빠르게 날씬해질 수 있을까?　132
위기상황 엄마의 다이어트 약을 먹었더니 속이 메스껍다

아빠의 금연을 위한 폭탄선언　134
위기상황 퇴근한 아빠한테서 담배 냄새가 풀풀 난다

가슴이 두근대는 진짜 이유　136
위기상황 밤 새려고 에너지 음료를 마셨는데 가슴이 두근거린다

진짜 게임이 필요해!　138
위기상황 게임 카드를 모으느라 용돈을 다 써 버렸다

한번 빠지면 멈출 수 없어!　140
위기상황 하루 종일 너튜브를 보다가 밥 먹는 것도 잊어버렸다

1. 생활 안전

안전사고는 특별한 날에만 일어날까?
밥을 먹거나 잠을 잘 때처럼 일상생활에서 언제든지 발생할 수 있어.
아차! 하는 순간, 돌이킬 수 없는 결과를 불러일으키기도 하지.

화들짝, 일상 속 위기

화장실 바닥에서 주르륵 미끄러졌다

엎치락뒤치락 화장실 쟁탈전

#시설 이용 #화장실

위험수준 중위험
발생빈도 2

 깜짝 위기 1

 축구를 하고 세면대에서 발을 씻는데 갑자기 세면대가 무너졌어.

세면대에 몸을 기대거나 걸터앉으면 안 돼. 발을 올려 씻는 것도 위험해!

화장실을 이용할 때 조심하세요!

안녕하십니까? 골든 기자입니다.

최근 메가시의 어느 초등학교에서 있었던 일입니다. 볼일이 급했던 두 학생이 화장실에 부리나케 들어갔습니다. 하지만 바닥의 물기를 보지 못해 한 친구가 미끄러졌고, 옆의 친구가 잡아 주려다가 균형을 잃은 나머지 두 사람이 동시에 넘어졌습니다. 다행히 가벼운 엉덩방아에 그쳤지만, 자칫했다가는 안전사고로 이어질 뻔했습니다. 하루에도 몇 번씩 이용하는 화장실에는 크고 작은 위험이 도사리고 있습니다. 그러니 항상 조심하는 것 잊지 마시기 바랍니다.

화장실 안전 수칙

① 출입문 앞에서 뛰지 않고, 차례대로 들어가고 나오기

② 화장실 바닥의 물기를 조심하며 천천히 걷기

③ 세면대에 몸을 기대지 않고, 바른 자세로 손 씻기

④ 비누 거품이나 물을 뿌리면서 장난하지 않기

 깜짝 위기 2

화장실 문을 닫다가 틈새에 손이 껴서 새까맣게 멍이 든 적 있어!

문을 너무 세게 또는 급하게 열고 닫지 말고 조심히 살펴라멍.

 책상 모서리에 발가락을 찧었다

내 발가락에 불이 났어! #시설이용 #방

안녕, 별별 구독자 친구들!

지금까지 비밀에 싸여 있던 너튜버 요리의 방을 대공개합니다!

짜잔

여기는 침대예요. 내 최애 곰돌이 인형 귀엽죠?

하이~

언제는 내가 최애라더니….

다음은 말이죠.

어라? 누가 어지럽혔담?

슝슝

누구겠냐멍?

이게 바로 내 책상….

멈춰!

탁

오늘 방송은 여기서 끝낼게요. 모두 책상 모서리 조심하세요.

내 발가락! 119 불러 줘!

으악

흐엉~

마무리 멘트까지 프로 너튜버다멍.

 깜짝 위기 1

의자에서 흔들거리다가 뒤로 넘어졌어.

바른 자세로 앉아야 해. 의자 뒤에 무거운 가방을 걸어도 뒤로 넘어질 수 있다멍.

집에서 자주 일어나는 안전사고

집은 잠을 자고 밥도 먹으면서 우리가 가장 많은 시간을 보내는 곳이야. 하지만 그만큼 어린이 안전사고의 절반 이상이 집에서 일어나기도 해.

상황 1 떨어지거나 넘어졌다!

떨어지거나 넘어져서 몸을 다치는 일을 '낙상 사고'라고 해. 침대, 소파에서 떨어지거나 의자가 뒤로 기울어서 쓰러지기도 하지. 그럴 땐 침대에 난간을 설치하거나 바깥쪽에 푹신한 쿠션을 놓고 자. 소파나 의자 위에서 뛰거나 장난을 쳐선 안 돼.

상황 2 손가락이 끼었다!

방, 욕실 문이나 서랍장을 여닫다가 손가락이 끼기도 해. 문틈에는 손을 넣지 말고, 살살 문을 열거나 닫는 게 좋아. 서랍장에서 물건을 넣고 뺄 때도 마찬가지야. 손가락이 끼어서 부었다면 당황하지 마! 얼음주머니를 만들어서 다친 부위에 찜질하거나 차가운 물을 틀어서 대고 있으면 부기가 가라앉을 거야. 이제 괜찮지?

상황 3 모서리에 부딪혔다!

가구 모서리에 손이나 발가락을 부딪혀 피가 났다면 상처 부위를 확인하고 깨끗한 천으로 눌러 줘. 혹시 피가 멎지 않으면 병원에 가서 치료받아야 해.

깜짝 위기 2

 아침 먹다가 식탁 모서리에 팔꿈치를 부딪혀서 너무 아팠어.

내 돈가스 몰래 뺏어 먹다가 그런 거잖아! 쌤통이다.

 목욕하다가 쪼르륵 귀에 물이 들어갔다

갑자기 쏟아진 물줄기 때문에…

#시설이용 #욕실

위험수준 저위험

발생빈도 2

 깜짝 위기 1

머리 감을 때 눈에 샴푸 거품이 들어가면 어떡해야 해?

손으로 비비지 말고, 흐르는 물에 씻어 내면 된다멍.

# 귀에 들어간 물 빼는 방법

물놀이하거나 씻다가 귀에 물이 들어간 적 있지? 대개는 물이 금세 빠지지만, 잘 안 나와서 불편하기도 했을 거야. 이때 잘못된 방법으로 물을 빼면 위험해질 수도 있어.

1 머리를 세게 흔들면 괜찮다?

No 지나치게 흔들면 오히려 귓속에 불필요한 압력을 가해서 귀를 손상시킬 수 있어.

이건 꼭 귓바퀴를 뒤로 당기고 부드럽게 고개를 끄덕이거나 물이 들어간 귀를 아래로 향하게 한 다음, 가볍게 콩콩 뛰어 봐.

2 면봉으로 후비면 된다?

No 면봉이 귀지를 밀어 넣거나, 잘못해서 고막을 건드릴 수도 있어. 귀에 염증이 생기면 큰일이야!

이건 꼭 드라이어를 찬 바람으로 설정해서 일정한 거리를 두고 잘 말려 줘.

3 뜨거운 물로 씻으면 위험하다?

Yes 뜨거운 물은 귀에 자극을 주고, 더 많은 물이 들어갈 수 있어.

이건 꼭 따뜻한 수건으로 물이 들어간 귀 주변을 찜질한 다음, 반대 방향으로 숙이면 물이 쪼르륵 나오지.

 대부분 시간이 지나면 물이 자연스럽게 빠져나오거나 귓속에서 말라. 하지만 하루가 지났는데도 귓속에 물이 있다고 느껴진다면 이비인후과에 가서 의사 선생님의 진찰을 받도록 해.

 깜짝 위기 2

욕조에 들어가려다 물이 뜨거워 치킨이 될 뻔했어.

차가운 물을 먼저 받고, 뜨거운 물을 넣어 봐. 그럼 온도를 맞추기 쉬워.

엘리베이터가 갑자기 정지했을 때

조리에게

아까 엘리베이터가 갑자기 멈춰서 많이 놀랐지? 하지만 너무 걱정하지 마. 내가 알려 주는 대로 따라 하면 위기 상황을 해결할 수 있어.

첫째, 문을 두드리거나 억지로 열려고 하면 안 돼. 엘리베이터에는 비상 호출 버튼 또는 인터폰이 있어. 이것을 눌러서 엘리베이터가 멈춘 사실을 알리고 구조를 기다리면 돼. 만약 핸드폰을 가지고 있다면 119에 신고해도 좋아.

둘째, 엘리베이터는 밀폐된 공간이 아니라서 숨이 막힐 위험은 없어. 대신 자세를 낮추고 안전 손잡이를 잡으면 마음이 편해질 거야. 쿵쿵 뛰거나 출입문에 기대는 행동은 하지 말자.

셋째, 구조대가 와서 엘리베이터의 문이 열리면 주변을 살피면서 천천히 나가. 다른 사람들과 같이 있다면 먼저 나가려다가 부딪칠 수 있거든. 진동 때문에 엘리베이터가 다시 움직일 수도 있으니 조심하자.

깜짝 위기 2

 에스컬레이터에서 뛰다가 신발 끈이 끼었어.

큰 소리로 주변에 알리고, 에스컬레이터를 타고 내리는 쪽에 설치된 비상 정지 버튼을 눌러야 된다멍.

깜깜한 영화관 안에서 자리를 찾다가 넘어졌다

어두울 땐 팝콘보다 계단

#다중 이용 시설 #영화관

위험수준 저위험 / 발생빈도 2

"하마터면 늦을 뻔했잖아."

"NONO 영화 볼 때 팝콘이 빠지면 섭섭하지."

"근데 우리 자리는 어디야?"

"저걸 보면 되겠다."

좌석 배치도

"먹는 데만 신경 쓰지 말고 잘 따라와."

"알았어."

탁

"어, 발이 걸렸…"

"안 돼!"

"어머, 죄송해요. 이거 다 드세요."

"죄송합니다."

"안 다쳤으면 됐다."

콩콩

깜짝 위기 1

영화 보다가 화장실에 가고 싶어. 어떡하지?

걱정 마! 조용히 입구로 가서 직원에게 알리고 다녀오면 돼.

영화관에서는 이렇게 해요!

재미있는 영화를 보러 가는 일은 무척 설레지. 그 마음은 영화관에 온 다른 사람들도 마찬가지야. 모두가 함께 즐겁게 영화를 보려면 지켜야 할 예절이 있어.

1 너무 어두우면 스마트폰을 잠깐 켜도 된다?

Yes 영화 시작 전에 좌석을 찾으려고 플래시를 비추는 건 괜찮아. 그러다 영화가 시작되면 바로 끄는 게 좋아.

이건 꼭 영화관이 어두운 이유는 스크린에 집중해서 영화를 보기 위해서야. 스마트폰 불빛은 다른 사람들에게 방해돼.

2 내 좌석에서는 내 마음대로 움직여도 된다?

No 영화 관람 중에 앞좌석을 발로 차거나 자꾸 움직이면 주변 사람이 너무 불편할 거야.

이건 꼭 좌석에 몸을 편히 기대서 영화에 집중해. 앞뒤에 앉은 사람을 배려하자.

3 비상구, 소화기 위치는 몰라도 상관없다?

No 안전사고는 언제, 어디서, 어떻게 일어날지 몰라. '나는 괜찮겠지.'라는 마음은 넣어 두자.

이건 꼭 화재에 대비해 비상구와 소화기의 위치를 확인하고, 길목이나 계단을 막지 않도록 해.

 큰 소리로 떠들거나 자리가 비었다고 예매하지 않은 좌석에 앉아선 안 돼. 여러 사람이 함께 이용하는 만큼 조금씩 배려하면 안전사고도 예방할 수 있어.

깜짝 위기 2

공포 영화인 줄 몰랐어. 너무 무서워!

눈 감고 소리만 듣거나 팝콘 먹는 데 집중해멍.

팬 미팅에 사람들이 몰려들어 숨을 쉴 수가 없다

누가 나 좀 구해 줘! #다중 이용 시설 #공연장

🚨 **깜짝 위기 1**

불꽃 축제에 갔는데 사람이 많아서 여러 번 발이 밟혔어.

그럴 땐 앞사람을 밀지 말고, "여기 사람 있어요!"라고 외쳐라멍.

사람들이 많이 모이는 곳에서는…

> 안녕하십니까? 별별 뉴스입니다.

얼마 전 유명 연예인의 팬 미팅에 수많은 팬이 모였습니다. 한꺼번에 많은 사람이 몰려, 일부 참가자들은 숨을 쉬기 어려울 정도였는데요. 공연장, 경기장, 축제 현장 등은 여러 사람이 이용하기 때문에 위험 상황이 생기면 대형 사고로 이어질 수 있습니다. 좋아하는 연예인을 보려고 서두르면 질서가 흐트러지기 쉽습니다. 또 좁은 공간에 인파가 모이면서 숨 막힘이나 답답함을 느끼기도 합니다. 까딱 잘못해서 많은 사람이 넘어지고 크게 다칠 수도 있으니 주의해야 합니다.

다중 이용 시설 안전 수칙

① 안전 요원의 지시에 따라 천천히 이동하기

② 환풍구, 난간 등 떨어질 수 있는 곳에 가까이 가지 않기

③ 몸에 이상이 생기면 즉시 주변 사람에게 알리기

④ 앞으로 가방을 메거나 팔짱을 끼고, 다리는 단단하게 고정하기

깜짝 위기 2

 국가대표 축구 경기가 열려서 지하철이 너무 붐벼.

내 의지와 상관없이 떠밀려도 저항하지 말고, 그대로 몸을 맡기면 빠져나올 수 있어.

젖은 손으로 콘센트를 만졌는데 찌릿찌릿했다

하마터면 큰일 날 뻔했어! #시설이용 #감전

깜짝 위기 1

멀티탭 하나에 여러 개의 플러그를 꽂았다가 불꽃이 튀었어.

멀티탭에 지나치게 많은 전기가 흐르면 과열되어 화재로 이어질 수 있어.

전기 사용, 이렇게 하세요!

전기는 우리 생활을 편리하게 해 줘. 하지만 조심히 다루지 않으면 위험하지. 전기가 통하는 물체에 몸이 닿아서 충격을 받을 수도 있기 때문이야.

💬 전기의 종류에는 무엇이 있을까?

전기는 다양한 형태로 일상생활에서 널리 이용되고 있어.

전기를 빛으로 이용하는 것	전기를 열로 이용하는 것	전기를 소리로 이용하는 것	전기를 동력으로 이용하는 것
TV, 손전등, 스탠드	전기난로, 전기다리미, 전기밥솥	이어폰, 스피커, 라디오	세탁기, 선풍기, 냉장고, 에어컨

💬 왜 물 묻은 손으로 전기를 만지면 안 될까?

물은 전기가 잘 통하는 물질이야. 물 묻은 손으로 전기를 만지면 전기가 물을 타고 우리 몸속으로 흐르게 돼. 이걸 '감전'이라고 하지. 몸에 전기가 흐르면 신경과 근육이 자극을 받아. 피부가 뜨거워져 화상을 입거나 심하면 목숨을 잃을 수 있어.

💬 전기를 안전하게 사용하는 방법에는 무엇이 있을까?

평소에 전기 제품을 점검하는 습관을 키우고, 올바르게 사용하는 것이 중요해.

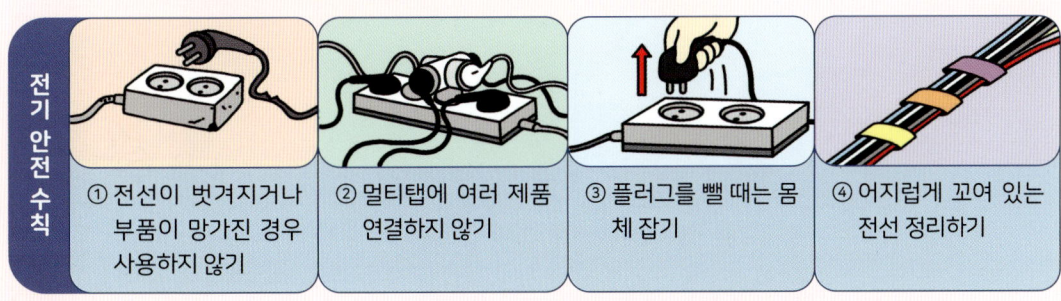

전기 안전 수칙
① 전선이 벗겨지거나 부품이 망가진 경우 사용하지 않기
② 멀티탭에 여러 제품 연결하지 않기
③ 플러그를 뺄 때는 몸체 잡기
④ 어지럽게 꼬여 있는 전선 정리하기

🚨 **깜짝 위기 2**

 난 재미로 콘센트 구멍에 젓가락을 넣으려고 하다 엄마한테 혼났어.

감전되면 어쩌려고 그랬어! 그러다가 큰일 난다고!

집 안의 모든 불이 나가 버렸다

과연 냉동실에 숨겨 둔 것은?

#시설 이용 #정전

깜짝 위기 1

스마트폰 데이터도 얼마 없는데 와이파이까지 끊겼어! 이제 뭐하지?

이참에 촛불 아래서 가족끼리 이야기꽃을 피워 보면 어떠냐멍?

손전등과 함께하는 정전 탐구

짜잔! 난 손전등이야. 어젯밤 정전이 됐을 때 내가 큰 활약을 했지. 아마 내가 없었으면 어둠 속에서 엄청 답답했을걸?

여름에 너무 더워서 동시에 에어컨을 켜는 사람들이 많아지면 **종종** 정전이 될 수 있어. 즉 공급되는 전기보다 사용하는 양이 많을 때 정전이 일어나. 또 전선이 망가지거나 관리가 잘 되지 않을 때도 정전이 발생해. 태풍, 번개 등으로 전력 시설이 고장 나서 생길 수도 있어.

정전이 되면 손전등이나 촛불을 찾아서 불을 켜 봐.
만약 우리 집만 정전이면 집 안의 전기 차단기를 확인하면 돼. 하지만 동네 전체가 정전이라면 주변 전기 제품의 플러그를 뽑고, 스마트폰이나 휴대용 라디오로 정전 상황을 파악해야 해.

평소에 오래된 전선은 바꾸고, 전기 차단기 위치를 알아 둬. 사용하지 않는 콘센트의 플러그는 빼놓고, 갑작스러운 정전에 대비해서 손전등을 준비해 놓으면 든든할 거야.

깜짝 위기 2

 어머나, 정전 때문에 인덕션 작동이 안 돼서 밥도 못 하겠네?

내 캠핑용 버너를 꺼낼 차례인가!

풍선 안에 든 헬륨 가스를 마시고 숨을 쉴 수가 없다

위험수준 중위험 / 발생빈도 2

방국봉의 특별한 생일 선물

#제품 이용 #장난감과 학용품

깜짝 위기 1

문제집을 풀면서 중요한 곳에 형광펜을 칠하다가 눈에 묻었어요!

형광펜은 눈이나 입에 닿지 않도록 하고, 혹시 묻었을 땐 얼른 물로 씻어.

장난감과 학용품을 쓸 때 조심하세요!

집이나 학교에서 시간을 보낼 때 빼놓을 수 없는 물건이 있어. 바로 장난감과 학용품이야. 축구공을 가지고 놀거나 다이어리를 알록달록하게 꾸미면 즐겁지. 하지만 잘못 사용하면 큰 위험을 불러오기도 해.

헬륨 가스는 왜 위험할까?

파티에서 자주 쓰는 풍선에는 헬륨 가스가 들어가. 이 가스를 마시면 잠깐 목소리가 변해서 재밌게 느껴지지. 하지만 한꺼번에 많은 양을 마시면 산소 대신 헬륨 가스가 폐로 들어가서 의식을 잃거나 숨을 쉴 수 없게 돼.

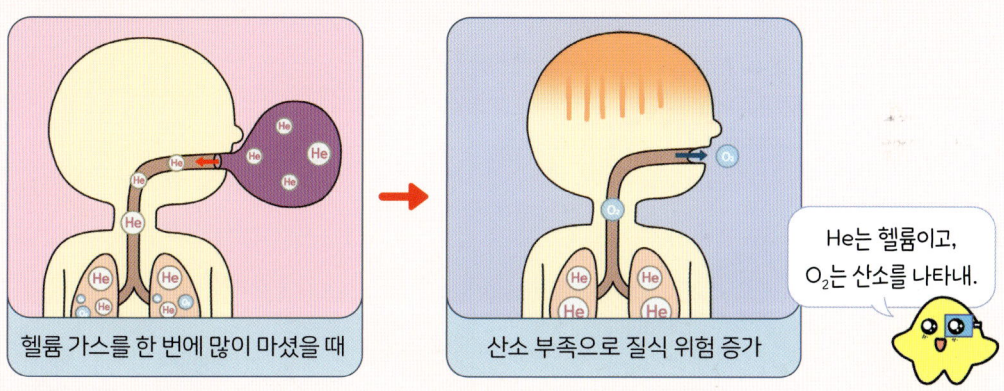

He는 헬륨이고, O_2는 산소를 나타내.

헬륨 가스를 한 번에 많이 마셨을 때 → 산소 부족으로 질식 위험 증가

장난감과 학용품을 어떻게 사용하면 좋을까?

날카롭거나 뾰족한 물건은 주의가 필요해. 장난감과 학용품도 어린이가 사용하기에 안전하다는 것을 알려 주는 'KC 인증 마크'가 있는지 확인하자.

연필	연필심이 아래를 향하도록 필통에 넣기
가위	오므려서 보관하기
커터 칼	칼날을 안쪽 끝까지 밀어 넣은 뒤 보관하기
압정, 블록	상자에 넣어 보관하기
슬라임	만진 손으로 눈을 비비거나 입에 넣지 않기

깜짝 위기 2

나무로 된 장난감을 가지고 놀다가 손에 가시가 박혔어. 어떡하지?

깨끗하게 소독한 핀셋으로 가시를 살살 빼면 된다멍!

새 운동화를 신다가 물집이 잡혔다

친해지려면 시간이 필요해!

#제품 이용 #생활용품

위험수준: 저위험
발생빈도: 2

- 요리 누나랑 골든이잖아?
- 짜잔
- 이거 봐라?
- 이거 한정판 ** 운동화잖아! 나도 갖고 싶었던 건데….
- 짠~

- 역시 뭘 좀 아는구나?
- 멋지다.
- 기분이다. 내가 골든이 산책시켜 줄게. 누나는 쉬어.
- 고마워.
- 꺄아 꺄아

잠시 후
- 새 운동화가 단단히 화가 났나 봐.
- 왜 그래? 어디 다쳤어?
- 아프겠다!
- 내 뒤꿈치를 사정없이 깨물었어.

깜짝 위기 1

- 티셔츠에 붙은 상표 때문에 목뒤가 따끔해.
- 옷이 잘리지 않게 조심하면서 가위로 상표를 잘라 줘.

운동화가 알려 주는 새 신발과 친해지는 법

어휴, 국봉이가 나를 신었다가 뒤꿈치가 까지고 물집이 잡혔다는 소식 들었니? 정말 안타까워. 앞으로 이런 일이 일어나지 않으려면 어떻게 해야 할까?

새 신발은 조금 뻣뻣할 수 있어서 **처음에는** 짧은 시간 동안만 신는 게 좋아. 그러다 천천히 시간을 늘리면서 길들여 나가면 점점 편해질 거야.

발과 신발이 반복적으로 부딪히면서 자극을 받으면 물집이 생길 수 있어. **대신** 양말을 신거나 물집 방지용 패드를 붙이면 뒤꿈치와 발가락이 보호되지.

 **만약** 발에 물집이 생겼어도 보통은 그대로 두면 자연스럽게 가라앉아. 하지만 물집이 터졌다면 소독하고 연고를 발라 줘. 밴드까지 붙이면 며칠 뒤에는 감쪽같이 나을 거야. 나와 친해지는 법 어렵지 않지?

깜짝 위기 2

 꽃병을 깨서 유리에 손이 베었어.

흐르는 물에 상처를 씻고 소독한 다음 반창고를 붙이자.

스마트폰을 물속에 빠뜨렸을 때

요리에게

바늘 가는 데 실이 가는 것처럼 넌 어디에나 스마트폰을 가져가더라. 그런 소중한 물건을 변기에 빠뜨렸으니, 얼마나 속상했겠어? 이런 때일수록 빠른 대처가 중요해.

스마트폰은 물속에 오래 있을수록 고장 날 가능성이 높아. 그러니 빠르게 건져서 전원을 끄고 물기를 닦아. 이상이 있다면 전문가에게 가져가야 해.

① 물속에서 얼른 꺼내기 → ② 물기 닦기 → ③ AS센터에 수리 맡기기

스마트폰에는 사진과 영상, 많은 추억과 개인 정보가 기록되어 있는 만큼 주의해서 사용할 필요가 있어. 앞으로 스마트폰을 들고 화장실에 가는 건 자제해야겠지?

참! 넌 가끔 누운 채로 스마트폰을 보더라? 누워서 스마트폰을 보려면 팔을 위로 뻗게 되잖아. 자칫 힘이 빠져서 스마트폰이 얼굴로 떨어지면 너도 스마트폰도 다칠 위험이 있어. 그 충격으로 스마트폰 액정이나 부품이 망가지기도 하거든. 스마트폰은 눕거나 엎드리지 말고, 앉아서 보는 걸 추천해.

깜짝 위기 2

 게임하다가 키보드 위에 라면 국물을 쏟았어요!

키보드 자판을 모두 떼서 마른 수건으로 물기를 닦아 줘.

캡슐형 세제를 젤리인 줄 알고 삼켜 버렸다

달콤해 보이지만 위험한 젤리 #제품 이용 #세탁 용품

깜짝 위기 1

손 소독제를 시럽인 줄 알고 음료에 넣을 뻔했어.

혹시 실수로 먹었다면 입을 헹구고 물을 많이 마셔야 한다멍.

캡슐형 세제를 주의하세요!

안녕하십니까?
별별 뉴스입니다.

한 초등학생이 캡슐형 세제를 젤리로 착각하고 삼켜 큰일 날 뻔했다는 소식입니다. 부모의 신고로 응급 처치를 받은 뒤 병원으로 옮겨졌는데요. 신속하게 대응한 덕분에 생명에는 큰 지장이 없는 걸로 확인됐습니다. 캡슐형 세제는 강한 세정력과 자극적인 성분이 들어 있어서 절대 먹어서는 안 됩니다. 이것을 먹을 경우, 구토를 유발하고 심하게는 의식을 잃거나 목숨을 잃기도 합니다. 또 세제가 눈에 들어가면 실명할 수 있습니다. 캡슐형 세제는 작고 말랑말랑해서 어린이뿐만 아니라 반려동물도 간식으로 착각할 수 있는 만큼, 각별한 주의가 필요합니다!

캡슐형 세제 안전 수칙

① 물에 녹으면 세제가 나오는 캡슐형 세제를 젤리로 착각하지 않기

② 캡슐형 세제를 삼키면 물로 입을 헹구되, 억지로 토하지 않기

③ 캡슐형 세제가 눈에 들어갔을 땐 흐르는 물로 15분 이상 씻기

④ 최대한 빨리 병원에 방문하여 진료받기

깜짝 위기 2

엄마가 다 쓴 세제 통에다 락스를 담았는데 벌컥 쏟는 바람에 맨손으로 만졌어.

흐르는 물에 바로 손을 씻어. 다 쓴 용기에 다른 물건을 담으면 위험할 수 있어.

우유를 마시고 배가 부글거린다

냉장고 속 우유도 다시 보자!

#제품 이용 #식중독

깜짝 위기 1

소풍 때 가져갔다가 남은 김밥을 먹었는데 설사했어.

상온에 오래 둔 김밥은 상하기 쉬우니까 되도록 먹지 마.

식중독에 대해 알아봐요!

음식을 먹기 전에 냄새를 맡거나 색깔을 확인해 본 적 있어? 상한 음식인지 모르고 무심코 먹었다가 식중독에 걸릴 수도 있어.

🗨 식중독은 무엇일까?

식중독은 오염된 음식을 먹어서 생기는 병이야. 깨끗하지 않은 환경에서 만들어졌거나 잘못 보관된 음식을 먹으면 걸리지. 보통 열이 나고 토하거나 설사를 하는데, 1~2일 정도면 가라앉아.

🗨 음식이 상한 것을 어떻게 알 수 있을까?

		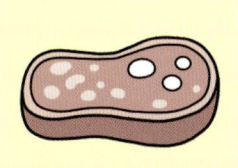	
우유 찬물에 몇 방울 떨어뜨렸을 때, 물 위로 퍼짐	**채소** 색깔이 까맣게 변했거나, 물컹한 느낌이 남	**고기** 얼었다 녹았을 때, 하얀 부분이 있음	**케첩** 시큼한 냄새가 나고, 물처럼 주르륵 흐름

🗨 식중독에 걸리면 어떻게 해야 할까?

일단 물을 충분히 마셔야 해. 그래야 세균을 몸 밖으로 빨리 내보낼 수 있어. 그리고 설사가 줄어들면 가볍게 죽부터 먹어. 식중독에 안 걸리려면 평소에는 손을 깨끗이 씻고, 음식은 익혀 먹고, 물은 끓여서 마시자. 바나나, 라면은 상온에 두고 과일과 우유는 냉장고에 넣어. 빵이나 떡은 냉동실에 보관하는 것도 잊지 마.

> 🚨 **깜짝 위기 2**
>
> 곰팡이 핀 귤을 살짝 도려내고 먹어서 그런가, 속이 울렁거려요.
>
> 곰팡이는 우리 눈에 보이는 것보다 더 퍼져 있을 수 있으니, 그런 과일은 버려야 해.

과자를 먹었는데 온몸이 간지럽다

땅콩 막대 과자는 다 내 거!

#제품 이용 #식품 알레르기

위험수준: 중위험
발생빈도: 2

 깜짝 위기 1

 복숭아를 먹으면 목이 따끔따끔해요.

알레르기를 일으키는 음식은 멀리하고, 증상을 줄여 주는 약을 먹자.

알레르기를 일으키는 식품

하니에게

몸은 좀 어때? 내가 양호 선생님께 여쭤봤는데 과자 속에 알레르기를 일으키는 물질이 들어 있었대. 과자를 만들 때 쓴 달걀이나 호두, 땅콩 같은 견과류 또는 맛과 색깔, 냄새를 좋게 하려고 넣은 식품 첨가물 때문일지도 모른대. 어떤 음식을 먹고 혼자만 몸이 붓거나 가렵고, 숨을 쉬기 힘들어지는 등의 증상이 나타나면 식품 알레르기가 있는 거야. 식품 알레르기를 예방하려면 자신이 어떤 음식에 민감한지 알아야 해. 미리 알레르기 검사를 받고 알레르기를 일으키는 식품은 피하는 거지. 알레르기 유발 식품 대신 안전한 다른 먹거리를 선택할 수도 있어.

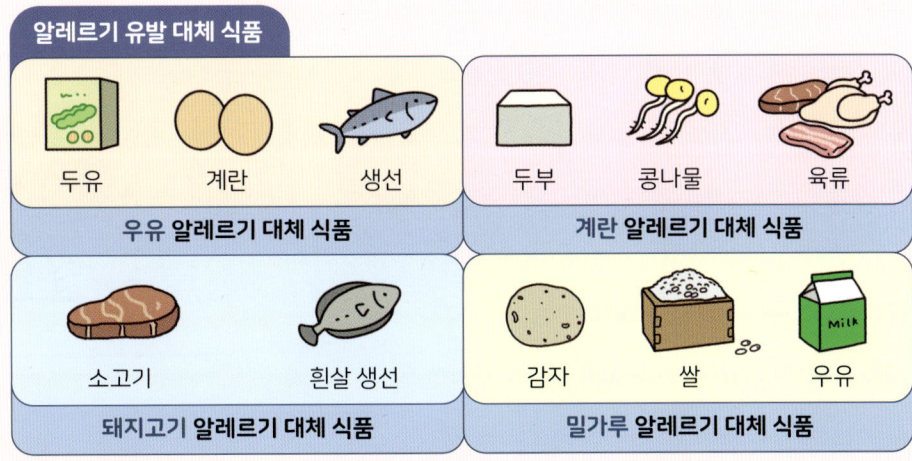

알레르기 유발 대체 식품

두유	계란	생선
우유 알레르기 대체 식품		

두부	콩나물	육류
계란 알레르기 대체 식품		

소고기		흰살 생선
돼지고기 알레르기 대체 식품		

감자	쌀	우유
밀가루 알레르기 대체 식품		

식품을 살 때는 제품 포장지 뒷면에 표시된 원재료명과 성분, 함량 등을 꼼꼼하게 살펴봐. 음식을 주문할 때도 알레르기를 일으키는 것은 빼 달라고 하자.

깜짝 위기 2

 난 육포를 먹으면 다리가 간질간질하다멍.

마른 수건을 냉동실에 넣었다가 가려운 곳에 올려 두면 나아질 거야.

설탕 중독에 빠지지 않는 방법

혹시 과자를 한번 먹기 시작하면 멈출 수 없니? 밥 먹고 달콤한 간식이나 음료를 먹지 않아서 허전한 느낌이 든다면 설탕 중독일지도 몰라.

설탕 중독은 무엇일까?

설탕은 우리 몸에 필요한 에너지를 만들어. 설탕을 많이 먹으면 뇌에서 행복 호르몬이 생겨서 기분이 좋아져. 하지만 자꾸만 먹고 싶다는 생각이 들고, 계속 먹다 보면 중독에 이르지. 또 쉽게 살이 찌고 키나 뼈 성장을 방해하기도 해.

설탕 중독을 줄이는 방법에는 무엇이 있을까?

① 설탕 대신 과일, 채소 먹기   ② 물 자주 마시기   ③ 규칙적으로 식사하기

제로 슈거, 제로 칼로리 음료는 괜찮을까?

제로 슈거와 제로 칼로리 음료는 인공 감미료를 넣어 단맛을 내지. 일반적인 음식을 먹으면 식욕 억제 호르몬이 나오지만, 인공 감미료의 경우 식욕 억제 호르몬을 줄어들게 해서 오히려 과식을 불러일으킬 수 있어.

 깜짝 위기 2

난 밤만 되면 왜 이렇게 먹고 싶은 게 많을까?

야식 중독이군! 가능한 한 일찍 자고, 끼니를 거르지 마라멍.

 머리에 찐득찐득한 껌이 달라붙었다

아뿔싸! 풍선껌을 씹은 채 잠든 요리

#신체 활동 #여가 시간

 어제 누나한테 받은 껌을 주머니에 넣어 뒀는데 바지에 붙었어.

쉿. 엄마한테 들키기 전에 우리끼리 떼 보자.

풍선껌이 알려 주는 껌 떼어 내기 비법

푸우우~ 포장지에서 막 뜯은 나를 입에 넣고 씹으면 단맛이 나면서 금세 말랑해지지. **이럴 수가,** 내가 머리에 붙었다고? 당황하지 말고 내 말을 들어 봐.

난 끈끈한 성질이 있어서 어디든 **찰싹** 달라붙어. 게다가 머리카락은 실처럼 얇아서 나를 떼려고 만지작거리면 심하게 엉겨 붙지. 잘못하면 머리카락이 뭉텅 뽑힐 수도 있어.

그럴 땐 얼음이나 식용유를 이용해 봐. 차가운 얼음주머니를 10~15분 동안 대고 있으면 껌이 **딱딱하게** 굳어서 떼기 편해. 미끌미끌한 식용유는 껌을 부드럽게 만들어 주지. 머리카락이 완전히 젖을 때까지 바른 뒤에 살살 떼어 내면 돼.

마지막으로 샴푸나 컨디셔너로 머리를 **쏙쏙 싹싹** 헹구면 끝! 어때, 가위로 자르지 않아도 해결됐지?

깜짝 위기 2

슬리퍼 끈이 떨어져서 본드로 붙이다가 손가락이 서로 붙어 버렸어.

손가락을 억지로 떼면 안 돼. 따뜻한 물에 손을 불렸다가 비누로 문질러 봐라멍!

피구를 하다가 공에 얼굴을 맞았다

상처로 남은 한판 승부
#신체 활동 #체육 시간

위험수준: 중위험
발생빈도: 2

깜짝 위기 1

저번 경기 때 공이 엉덩이에 살짝 스쳤는데 아웃될까 봐 아닌 척 우겼어.

국봉이가 화났겠다멍!

신나는 공놀이를 할 때

어린이라면 하루 대부분의 시간을 학교에서 보내지. 교실, 급식실, 과학실 등 다양한 장소 중에서도 운동장은 여러 가지 기구를 이용하고 공놀이를 할 수 있는 만큼 안전사고도 자주 일어나는 편이야.

🔵 피구하다가 다치면 어떻게 해야 할까?

피구는 공을 던져서 상대 선수를 맞히는 게임이야. 날아오는 공을 피해 도망가다가 얼굴을 맞기도 해. 처음에는 갑작스러운 충격으로 당황할 수 있어. 그럴 땐 손을 들어 아프다는 신호를 주고, 선생님께 알린 다음 잠시 경기를 쉬어. 얼굴에 붓기나 다친 데가 없고 아픈 느낌이 가셨다면 천천히 몸을 풀고 다시 경기에 참여하면 돼. 만약 휴식을 취했는데도 통증이 계속되거나 피가 난다면 보건실로 가서 치료를 받자.

🔵 안전하게 피구하는 방법에는 무엇이 있을까?

공이 날아올 때
공을 바라보면서 얼굴 보호하기

공을 던질 때
너무 세게 던지지 않기

공을 잡을 때
손목, 손바닥을 이용해 몸 쪽으로 감싸기

공을 피할 때
친구와 부딪치지 않기

🚨 깜짝 위기 2

 조리네 반 야구 경기를 구경하는데 공이 날아왔어.

시합에 참여하지 않으면 일정한 거리에 떨어져 있는 게 안전해.

체육 시간에 지켜야 할 안전 수칙에는 무엇이 있을까?

체육 활동 전

몸에 맞는 운동복과 운동화를 착용해야 해. 또 굳어 있던 근육을 풀기 위해 준비 운동은 땀이 살짝 날 정도로 하는 게 좋아. 체육 시설이나 도구가 안전한지도 확인하자.

체육 활동 중

체육 시간에 사용하는 도구나 운동에 따라 정해진 규칙을 지키자. 모래, 흙을 뿌리는 등 장난을 치거나 수업을 방해하는 행동은 하지 마. 경기에서 무조건 이기려고 하지 말고, 친구들과 배려하면서 최선을 다해도 충분해.

체육 활동 후

주변을 깨끗하게 치우고, 정리 운동으로 마무리하면 몸의 피로를 풀 수 있어. 땀을 흘린 만큼 물을 마셔야 어지럽지 않아.

여기서 Quiz Time

Q1 운동화는 발에 조금 작은 것으로 신는다.

Q2 몸이 아프더라도 꾹 참고 체육 활동에 참여한다.

Q3 준비 운동은 땀이 흠뻑 날 때까지 한다.

Q4 안전하지 않은 체육 시설물은 이용하지 않는다.

Q5 사용하고 난 운동 기구는 잘 정리한다.

정답 Q1.X Q2.X Q3.X Q4.O Q5.O

다양한 운동별 안전사고와 예방법

종류	실제 사례	예방법
축구	·상대 선수의 과격한 태클에 걸려 넘어짐 ·상대 선수와의 몸싸움으로 다침 ·볼 드리블 중 공을 밟고 넘어짐	·몸을 충분히 풀어 주기 ·과격한 몸싸움을 조심하고, 공에 집중하여 따라가기
달리기	·앞서 달리다가 앞으로 고꾸라져 넘어짐 ·달리다가 발이 엇갈려 넘어짐	·충분한 연습 없이 무리하게 달리지 않기
농구	·드리블 과정에서 손가락 부상 ·점프하여 슛하고 착지하다가 발목을 다침 ·공을 잡으려고 몸싸움을 벌이다가 넘어짐	·손가락을 다치지 않게 조심하고, 과격한 몸싸움을 하지 않기
뜀틀	·도움닫기를 하다가 뜀틀에 부딪힘 ·손을 잘못 짚어서 부상 ·뜀틀에 엉덩방아를 찧어서 다침	·뜀틀 사용법을 파악하고, 무리하게 넘지 않기
배드민턴	·휘두르는 라켓에 맞아서 부상 ·날아오는 셔틀콕에 맞음	·셔틀콕이나 라켓에 맞지 않도록 조심하기
그 외	·야구공에 맞아서 다침 ·철봉에 매달렸다가 떨어지면서 부상	·운동 기구 사용법을 제대로 알고, 위험한 장난을 하지 않기

잠깐! 본격적으로 움직이기에 앞서 준비 운동을 하면 체온이 올라가면서 몸의 각 부분이 유연해져. 또 그만큼 운동 효과도 훨씬 높아지지. 만약 준비 운동 없이 체육 활동을 하면 갑작스러운 움직임에 근육이 놀라서 다치기 쉬워. 그러니 준비 운동은 필수야. 발목과 무릎, 허리와 어깨를 빙글빙글 돌리면서 발에서 머리 순서로 준비 운동을 진행하자.

성묘하러 갔다가 벌에 쏘였다

초대받지 않은 손님의 공격 #야외활동 #벌쏘임

위험수준 중위험 / 발생빈도 2

깜짝 위기 1

어제 공원 풀밭에서 뱀을 봤어!

나라면 그 자리에서 얼었을지도 몰라.

산이나 들에서 벌을 만났을 때

날씨가 선선해지면 밖으로 나들이를 나가지. 이때 조심해야 할 것이 바로 벌이야. 벌은 가을에 알을 낳기 때문에 민감하거든. 벌을 미처 보지 못하고 벌집을 건드렸다가 공격을 받을 수도 있어.

1 벌을 만나면 손을 휘둘러 쫓아내도 된다?

No 팔을 크게 내젓거나 몸을 움직이는 행동은 벌을 자극해서 집중 공격을 받을 수 있어.

이건 꼭 벌과 맞서지 말고 재빨리 피해. 벌집을 건드렸다면 머리 부위를 감싸고, 적어도 20미터 이상 떨어지자.

2 벌은 밝은색 옷을 피한다?

Yes 되도록 흰색 계열의 긴 옷을 입는 것이 좋아. 향이 진한 로션, 샴푸 등은 사용하지 마. 달콤한 냄새는 벌을 부르는 법이야.

이건 꼭 벌은 곰이나 오소리 등 천적의 영향으로 어두운색 옷을 보면 공격성이 커져.

3 벌에 쏘인 부위가 가라앉도록 문질러야 한다?

No 피부를 긁고 문지르면 몸에 독이 더 빨리 퍼질 수 있어.

이건 꼭 물린 부위를 깨끗한 물로 씻고 얼음찜질을 한 다음, 병원으로 가야 해.

 꿀벌에 쏘이면 카드나 동전을 이용해서 긁어내듯 벌침을 빼면 돼. 하지만 말벌은 벌침이 피부에 남지 않지만 독이 강해서 얼른 응급실로 가야 해.

 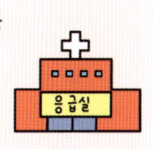

 깜짝 위기 2

난 심지어 뱀을 밟은 적도 있어.

뱀에 물렸다면 독이 퍼지지 않도록 상처 부위를 심장보다 낮게 유지해서 앉거나 누워야 해.

모기가 앵앵거려 잠을 잘 수 없다

위험수준 저위험 | 발생빈도 3

모기와의 전쟁에서 이긴 자는 누구? #계절 활동 #모기 물림

깜짝 위기 1

산에 가니 벌레들이 눈앞에서 얼쩡거렸어.

벌레가 많은 덤불, 물이 고인 곳은 피해. 벌레 퇴치 팔찌를 끼거나 곤충 기피제를 뿌려 봐.

모기에 물리면 가려운 이유

여름철, 더위와 함께 찾아온 모기 때문에 잠을 깬 적이 많을 거야. 한밤중에 귓가에 앵앵거리는 것도 모자라 모기한테 물리면 가려워서 긁느라 바쁘지.

🔵 모기가 좋아하는 사람은 누구일까?

사람의 피를 빨아먹는 건 암컷 모기야. 알을 낳으려면 동물의 피 속 영양분이 필요하거든. 모기는 냄새, 열, 색깔에 민감하게 반응해. 특히, 사람이 숨 쉴 때 내뱉는 이산화 탄소와 땀 냄새를 좋아하지. 그래서 땀을 많이 흘리거나 체온이 높은 사람, 신체 활동이 활발한 어린이를 잘 물어. 또 진한 향수를 뿌리거나 어두운 색깔의 옷 입은 사람을 주로 노려.

🔵 모기한테 물리면 왜 가려울까?

모기는 피를 빨아먹기 위해 우리 몸에 침을 뱉고 주둥이를 넣어. 침 속에는 피가 굳는 것을 막아 주는 물질이 있지. 모기의 침이 들어오면 우리 몸은 피부를 보호하기 위해 새로운 물질을 만들어. 이때 두 물질이 반응하면서 가려움을 느끼게 되는 거야. 비누로 씻거나 냉찜질을 하면 가려움이 줄어들어. 침을 바르는 행동은 세균에 감염될 수 있으니 하지 말자.

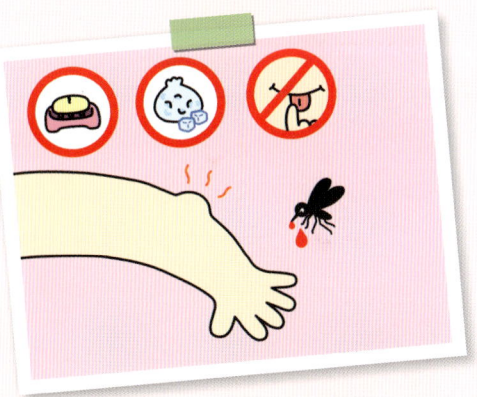

 주방에 왜 이렇게 벌레가 날아다니지?

음식물을 식탁 위에 두지 말고, 집 안을 깨끗이 청소해라멍.

계곡물에 신발이 떠내려갔다 | 위험수준: 중위험 | 발생빈도: 2

내 신발 돌려줘!

#신체 활동 #물놀이

- 별별 구독자 친구들, 여기는 어디일까요?
- 여보, 나 잡아 봐라.
- 잡히면 가만 안 둬!
- 참 다정한 부모님이시죠?
- 여름은 이 맛이지.
- 제 동생 조리는 자연인이 되었네요.
- 신발이 떠내려가고 있어요. 조리의 슬리퍼 같은데?
- 안 돼!
- 위험해!
- 내 신발!
- 신발이 떠내려가 버렸어요!
- 이 녀석아, 깜짝 놀랐잖아!

깜짝 위기 1

물속에 들어갔는데 발이 자꾸만 미끄러졌어.

물놀이할 때는 슬리퍼나 샌들 말고, 미끄럼 방지되는 아쿠아 슈즈를 신는 게 좋아.

신나는 물놀이, 이것만은!

안녕하십니까? 골든 기자입니다.

여름 휴가철, 강원도 한 계곡에서 물놀이하던 초등학생이 급류에 휩쓸려 큰 사고를 당할 뻔했습니다. 이날 가족과 물놀이를 즐기던 학생은 신고 있던 신발이 벗겨지자 당황했는데요. 서둘러 물에 떠내려가는 신발을 잡으려다가 사고가 일어났다고 합니다. 근처에 있던 어른들이 신속하게 나선 덕분에 학생은 큰 부상 없이 구조되었습니다. 학생의 부모님은 신발 한 짝 때문에 소중한 아들을 잃을 뻔했다며 가슴을 쓸어내렸습니다. 경찰은 이번 사건을 계기로 물살이 세거나 바위, 이끼 등으로 미끄럼 사고가 일어날 수 있는 물놀이의 위험에 대해 경고했습니다.

물놀이 안전 수칙

① 구명조끼를 입고, 미끄럼 방지 기능이 있는 신발 신기

② 준비 운동을 한 후, 심장에서 먼 쪽부터 물을 묻힌 다음 들어가기

③ 물의 깊이가 가슴 높이까지 오는지 미리 확인하기

④ 얕은 물이나 바위 위에서 다이빙 자제하기

깜짝 위기 2

시원하라고 크고 센 폭포 물을 맞았는데 목이 아팠어.

한 번에 엄청난 물이 쏟아지면 목뼈에 무리가 올 수 있으니 조심하라고멍.

수영을 하다가 발이 땅에 닿지 않는다

이럴 때일수록 침착해야 해!

#신체 활동 #물놀이

 깜짝 위기 1

해수욕장에서 수초에 발이 감겼어.

놀라지 말고, 부드럽게 팔과 다리를 움직여서 풀어야 해.

생존 수영, 선택 아닌 필수!

요리에게

안전 요원 아저씨가 그러는데 물놀이 사고는 생각보다 깊지 않은 물에서 자주 일어난대. 물에서 놀거나 수영하다가 허리쯤에 있던 물이 갑자기 가슴 높이까지 차오르면 당황스럽지. 그러다 무릎이 접히면서 발이 바닥에 닿지 않게 되고, 물에 빠진 채 허우적대는 거야.

물에 빠졌을 땐 학교에서 배운 '생존 수영'을 떠올려. 생존 수영은 물 위에 누워 떠 있는 게 기본이야. 최대한 힘을 빼고 물속에 귀가 잠기게 누운 다음, 양팔을 벌려서 물에 뜨도록 해 봐. 이 상태로 팔다리를 천천히 저으면서 얕은 곳으로 이동하거나 주변 사람에게 도움을 요청하면 돼.

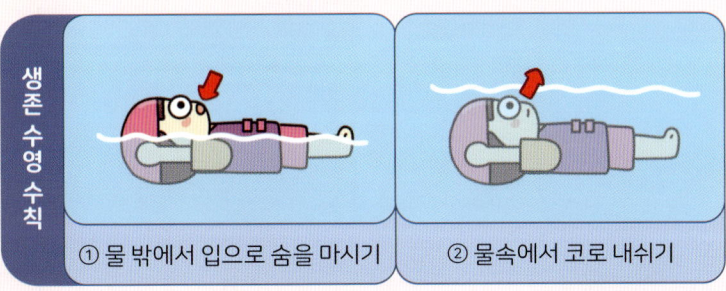

생존 수영 수칙
① 물 밖에서 입으로 숨을 마시기
② 물속에서 코로 내쉬기

가끔 물이 너무 차거나 근육이 피로하면 팔다리에 쥐가 날 수도 있어. 몸을 둥글게 오므려서 물 위에 뜬 다음, 물속으로 얼굴을 넣은 채 쥐가 난 곳을 풀어 줘. 한번 쥐가 나면 또 일어날 가능성이 있기 때문에 얼른 물 밖으로 나오도록 해. ☺

깜짝 위기 2

 거센 파도가 밀려와서 물결에 휩싸인 적이 있었는데 무서웠어.

파도에 몸을 맡기고 숨을 멈추면 저절로 떠오른다멍.

물을 안 챙긴 채 산에 올라갔다

위험수준 저위험
발생빈도 2

목이 말라서 어쩔 수 없어!

#신체 활동 #등산

 깜짝 위기 1

 산에 오르는데 머리가 핑 돌면서 어지러웠어.

가까운 나무 그늘이나 벤치에 앉아서 쉬어라멍.

배낭과 함께하는 등산 탐구

등산할 때 꼭 챙겨야 할 것이 있다면 무엇일까? 나 없이 맨몸으로 산에 오르려고 했다간 큰코다칠걸? 산에는 편의점도, 마트도 없으니까 말이야.

나 말고 물도 필요해. 산에 오르면 땀이 많이 나서 그만큼 다시 채워 주지 않으면 탈수 증세가 생기고, 체온 조절이 어려워지거든. 물을 마실 때는 벌컥벌컥 들이켜지 말고, 조금씩 나누어 마시는 게 좋아.

등산은 몸과 마음을 건강하게 만들어 줘. 맑은 공기를 마시면서 아름다운 경치를 감상하고, 정상에 올랐을 때 자신감을 키울 수 있어. **하지만** 에너지를 많이 쓰기 때문에 힘든 운동이야. 도시락이나 초콜릿, 사탕, 오이 등 간식으로 에너지를 보충해야 하지.

이 밖에도 지도, 비상약, 손전등, 붕대, 반창고 등을 나한테 넣어. 또 연락이 가능하도록 핸드폰과 보조 배터리도 필수야. 땀이 식으면서 체온이 떨어지지 않도록 여분 옷도 챙겨 줘.

깜짝 위기 2

산에서 내려오는데 비가 엄청 쏟아졌어요.

혹시 근처에 계곡이 있다면 물이 불어날 수 있으니까 건너면 안 돼.

샌들을 신고 산에 올라갔다가 발을 삐끗했다

지나친 욕심은 화를 부른다! #신체 활동 #등산

깜짝 위기 1

산에서 내려올 때 길을 잃어버렸어.

등산로 곳곳에 설치되어 있는 '산악 위치 표지판'을 보고, 119에 네 위치를 알려라멍.

별별 YES or NO 등산할 때 기억할 것

산은 봄에는 알록달록한 꽃들로, 가을에는 울긋불긋한 단풍으로 아름답지. 오르막길을 걷는 동안은 꽤 힘들지만 산 정상에 오르면 보람과 감동이 엄청나. 하지만 숲길이기 때문에 경사가 가파르고 위험한 것들도 많아.

1 아무 옷이나 신발을 신어도 된다?

NO 젖으면 잘 마르지 않는 면으로 된 옷, 신축성 없는 청바지, 미끄러운 샌들은 등산할 때 위험해.

이건 꼭 땀 흡수가 되고 바람이 잘 통하는 옷, 미끄럼이 방지되는 등산화나 운동화 등을 챙겨.

2 따로 준비 운동을 할 필요가 없다?

NO 등산은 발을 계속 쓰고 몸을 많이 움직이는 운동이야. 충분한 스트레칭 없이 등산을 시작하면 안 돼.

이건 꼭 출발 전에 잠깐 시간을 내어 몸을 풀어 줘. 발끝을 앞으로 뻗거나 손을 무릎에 얹고 앉았다 일어나.

3 정해진 등산 코스를 벗어나도 괜찮다?

NO 호기심에 등산로를 벗어나 다른 길로 가면 위험한 동물을 만나거나 길을 잃을 수 있어.

이건 꼭 등산 안내도나 지도로 미리 확인하고, 정해진 길을 따라 이동해.

 무엇보다 자신의 체력에 맞는 등산 코스를 선택해서 몸에 무리가 가지 않도록 하자. 산은 올라가고 내려오는 모든 과정이 중요하거든.

깜짝 위기 2

 낙엽을 밟고 미끄러져서 엉덩방아를 찧었어요.

수북이 쌓인 낙엽더미나 썩은 나뭇가지, 젖은 풀, 돌멩이는 미끄러질 수 있으니 조심해.

내리막길에서 킥보드로 쌩쌩 달리다가 넘어졌다

빨라도 너무 빨라! #탈것 #킥보드

위험수준 고위험 / 발생빈도 2

누가 입구까지 더 빨리 가나 내기할래?

훗 보나 마나 내가 이길 텐데?

길고 짧은 건 대봐야 안댔어.

좋아. 준비, 땅!

슈욱

거북아, 나 먼저 가서 기다릴게!

어떡하지? 뭐 좋은 방법이 없을까?

그래. 지름길로 가는 거야!

헥헥

위험했다.

이만하길 다행이야. 경사 길은 조심해야 된다고!

아 악 으

너무 빨라서 방향을 못 잡겠어.

🚨 깜짝 위기 1

비 오는 날, 킥보드를 타다가 돌부리에 걸려 넘어질 뻔했어.

비가 오면 바닥이 미끄러워서 킥보드나 인라인스케이트를 타면 안 돼!

킥보드와 인라인스케이트를 탈 때

탈것은 사람이나 물건이 편리하게 이동하도록 도와. 그중에서도 킥보드, 인라인스케이트, 자전거는 운동도 되고 신나지. 하지만 재미있다고 쌩쌩 달리거나 한눈을 팔면 큰 사고로 이어질 수 있어.

💬 내리막길은 왜 위험할까?

바퀴가 달린 탈것은 높은 곳에서 낮은 곳으로 내려올수록 속도가 점점 빨라져. 브레이크를 잡아도 잘 멈춰지지 않고, 균형을 잡기 어렵지. 이미 속도가 붙은 상태라서 넘어지면 크게 다쳐.

💬 탈것을 안전하게 이용하려면 어떻게 해야 할까?

먼저 눈에 띄는 밝은색 옷을 입어야 해. 몸을 보호하기 위해 헬멧, 보호대 등 안전 장비도 필요하지. 또 차가 다니지 않는 공원이나 넓은 공터에서 타는 게 좋아. 골목길은 차가 갑자기 튀어나올 수 있어서 위험하거든. 계단, 내리막길, 횡단보도에서는 넘어질 수 있기 때문에 킥보드에서 내려서 걷자.

탈것 안전 수칙
① 안전 장비 착용하기　② 정해진 장소에서 타기　③ 횡단보도에서는 내려서 걷기

🚨 깜짝 위기 2

 난 인라인스케이트를 타고 계단을 오르다가 기우뚱했지.

　　　　　　　　　　　　　　　　　평평한 길에서만 타야 된다멍!

2. 응급 처지

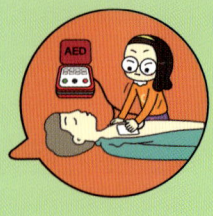

갑자기 예상치 못한 상황이 닥치면 어떻게 해야 할까?
머릿속이 하얗게 변하면서 아무것도 할 수 없을지 몰라.
하지만 걱정하지 마. 그럴 때일수록 위험에 대처하는 방법을
알아 두면 더 이상 불안하지 않아.

어질어질, 뜻밖의 응급 상황

할머니가 가슴을 부여잡고 쓰러지셨다

용감한 소녀들의 재빠른 응급 처치

#응급 상황 #심폐 소생술

위험수준: 고위험
발생빈도: 2

꺅~ 갖고 싶은 게 너무 많아!
아 대형 마트
부모님 심부름이 먼저야.
헉 가슴이….

할머니, 괜찮으세요?
내가 심폐 소생술을 할 테니까 넌 119에 신고해.
톡톡
여보세요? 여기 사람이 쓰러졌어요!
하나, 둘, 셋

잠시 후
흐음
깨어나셨군요!
하
세상에, 학생들 덕분에 내가 살았구먼.
무사하셔서 다행이에요.
짝짝

깜짝 위기 1

물에 빠진 사촌 동생이 숨을 안 쉬는데 어떻게 해야 될지 모르겠어.

무작정 주위에 도움을 요청하기보다 특정한 사람을 지목해서 119에 신고해 달라고 말해라멍.

생명을 살리는 마법, 심폐 소생술

안녕하십니까? 골든 기자입니다.

'심폐 소생술'이라고 들어보셨나요? 심장이 멈추었을 때, 인공적으로 피를 돌게 하여 숨을 쉬게 하는 응급 처치 방법입니다. 심장이 정지되면 4~5분 만에 뇌 손상이 시작되기 때문에 재빠른 응급 처치가 중요합니다.

초등학생들이 심폐 소생술을 이용하여 할머니를 구한 일이 알려져 화제를 모으고 있습니다. 이들은 갑자기 가슴을 부여잡고 쓰러진 할머니를 발견했습니다. 즉시 119에 신고를 하고, 전날 학교에서 배운 대로 가슴 압박을 시작했습니다. 그리고 1분 만에 할머니의 호흡이 돌아왔습니다. 할머니의 소중한 생명을 초등학생들이 살린 것입니다.

심폐 소생술 방법

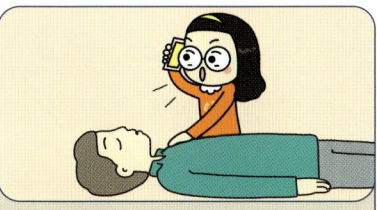

① 어깨를 두드리며 환자의 반응이 없으면 119에 신고하기

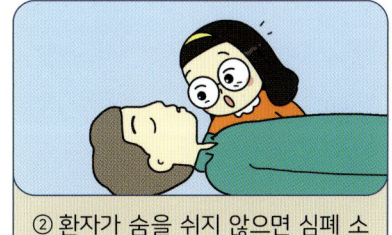

② 환자가 숨을 쉬지 않으면 심폐 소생술 준비하기

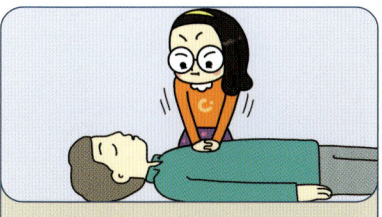

③ 팔을 곧게 핀 채, 두 손을 깍지 껴서 강하게 가슴 압박하기

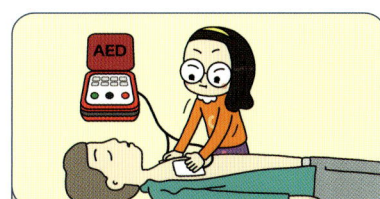

④ 자동 심장 충격기의 안내에 따라 환자에게 사용하기

깜짝 위기 2

 지하철에서 갑자기 쿵 하고 기절하는 사람을 본 적 있어.

구급 대원이 올 때까지 심폐 소생술을 반복해서 실시해야 해.

 웃다가 사탕이 목에 걸렸다

사탕 때문에 웃다가 울다가…

#응급 상황 #기도 폐쇄

위험수준: 고위험 발생빈도: 2

깜짝 위기 1

혼자 누워서 떡을 먹다가 목에 걸린 적도 있어.

그럴 땐 의자 등받이에 명치와 배꼽 사이를 대고, 앞으로 몸을 숙이면서 압박해.

기도 폐쇄가 일어났을 때

조리에게

네가 사탕을 먹다가 갑자기 숨을 못 쉬어서 얼마나 놀랐는지 몰라. 다행히 크게 기침을 해서 사탕이 나왔기 망정이지, 아찔했어.

간혹 음식, 장난감 때문에 목이 막혀 숨을 못 쉬는 경우가 있어. 그걸 '질식' 또는 '기도 폐쇄'라고 불러. 주로 누워서 음식을 먹거나, 무언가 입에 넣은 채 크게 웃으면서 삼킬 때, 음식을 너무 빨리 먹을 때 일어나. 공기가 통하는 길이 막히면 소리를 내지 못하고 입술이 파래져. 3~4분이 지나면 의식을 잃고, 5분 이상이 되면 사망에 이르지.

환자가 스스로 기침을 해서 이물질을 밖으로 빼내면 괜찮지만, 그렇지 않다면 119에 신고하고 등을 크게 두드려 줘. 그래도 이물질이 나오지 않으면 뒤에서 환자를 안고 배를 밀쳐 올리며 음식을 토하게 하는 '하임리히법'을 써야 해.

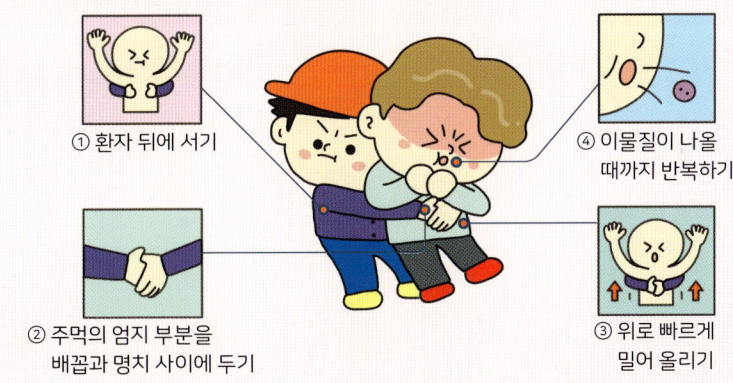

① 환자 뒤에 서기
② 주먹의 엄지 부분을 배꼽과 명치 사이에 두기
③ 위로 빠르게 밀어 올리기
④ 이물질이 나올 때까지 반복하기

앞으로 음식을 먹을 땐 꼭꼭 씹고, 절대 입안에 음식을 넣은 채 웃거나 돌아다니지 마. 약속이다?

깜짝 위기 2

 생선 가시 때문에 목이 따끔따끔해요.

따뜻한 물을 마셔도 안 빠지면 가까운 이비인후과에 가야 해.

코딱지와 함께하는 코피 탐구

후유~ **난 정말 억울해.** 국봉이 코에 코피가 난 건 습관처럼 코를 후볐기 때문이야. 범인은 내가 아니란 말이지. 내가 오해를 하나씩 풀어 줄게.

코피는 코를 후벼서 콧속을 자극할 때 많이 나. 손가락이 닿는 부분은 약해서 쉽게 상하고, 피가 나거든. 알레르기 비염 때문에 흥~ 하고 세게 또는 자주 코를 풀면 콧속이 약해져. 겨울같이 날씨가 건조할 때도 콧속이 마르면서 상처가 나기 쉽고, 코피로 이어질 수 있어.

만약 코피가 나면 몸을 앞으로 살짝 기울여. 그리고 엄지와 집게손가락으로 콧볼을 잡고 5~10분 동안 눌러 줘. 솜이나 휴지를 콧속에 넣어도 괜찮아. 이때 코 주변을 얼음으로 냉찜질하면 피가 멎는 데 도움이 돼.

참! 평소에 물을 자주 마셔서 콧속을 촉촉하게 해 주고, 국봉이처럼 코 후비는 버릇이 있다면 얼른 고치자.

🚨 깜짝 위기 2

 복도에서 친구와 부딪쳤을 때도 코피가 쏟아졌지. 입으로 숨을 쉬면서 콧볼 양쪽을 꼭 잡고 기다려 봐. 그럼 서서히 코피가 멈출 거야.

맨살에 붙인 핫팩이 너무 뜨겁다

따끈따끈하다 못해 너무 뜨거워!

#응급 상황 #화상

위험수준 저위험

발생빈도 3

깜짝 위기 1

 전기장판 위에 누워 있다가 피부가 빨개졌어.

비교적 낮은 온도라도 전기장판에 오래 있으면 화상을 입을 수 있어.

화상에 대해 알아봐요!

화상은 불이나 뜨거운 물, 연기, 전기 등에 닿아 피부가 다치는 것을 말해. 가벼운 화상은 며칠 지나면 낫지만, 심각하면 상처가 평생 갈 수도 있어.

💬 화상 사고는 왜 일어날까?

화상 사고는 보통 집에서 일어나. 요리를 하거나 전기 제품을 만지다가 많이 데이지. 또 뜨거운 온도에 오랜 시간 노출되어도 화상을 입을 수 있어.

💬 화상의 정도에 따라 어떤 증상이 나타날까?

화상은 피부의 깊이에 따라 다치는 정도와 증상이 달라.

1도 화상	피부의 가장 위쪽만 데여서 붉게 변하고 따끔함
2도 화상	피부에 물집이 생기고 매우 아프며, 흉터가 남기도 함
3도 화상	피부가 흰색이나 갈색으로 변하고, 감각을 잃음
4도 화상	피부, 근육, 신경, 뼈까지 모두 손상됨

💬 화상을 입었을 때 어떻게 해야 할까?

15~20분 정도 흐르는 찬물에 화상 부위를 식히고, 소독된 거즈를 덮어. 피부가 상할 수 있어서 얼음은 대면 안 돼. 또 억지로 물집을 터뜨리지 말고, 최대한 빨리 병원에 가자.

🚨 깜짝 위기 2

 돈가스를 굽다가 기름이 튀어서 팔에 물집이 생겼어요.

조심해야죠! 물에 적신 차가운 천을 덮고, 열이 충분히 식으면 화상 연고를 바르세요.

캠프장에서 멧돼지를 만났다

위험수준: 고위험 / 발생빈도: 2

즐거운 분위기를 얼어붙게 만든 것은?

#응급상황 #동물 물림

🚨 깜짝 위기 1

산길에서 운전하는데 고라니가 툭 튀어나왔어.

야생 동물이 자주 나타나는 지역에서는 천천히 운전해라멍. 경적은 NO!

야생 동물을 만났을 때

오늘날 우리는 평소에 야생 동물을 만날 일이 별로 없어. 하지만 때때로 등산로, 캠프장, 숲 근처 공원에서 길을 잃거나 먹이를 찾아다니는 멧돼지, 너구리 등과 마주치기도 해.

🟢 갑자기 멧돼지를 만나면 어떻게 해야 할까?

뛰거나 비명을 지르면 멧돼지가 놀라서 공격할 수 있어. 멧돼지는 힘이 세고 날카로운 송곳니도 가지고 있어서 절대 흥분시키면 안 돼.

상황 1 멧돼지와 딱 마주쳤다!

바로 등을 보이면 공격할 수 있기 때문에 멧돼지에게 시선을 떼지 말고 주위 나무나 바위 뒤로 천천히 몸을 숨겨. 멧돼지는 시력이 좋지 않아서 크게 움직이지 않으면 그냥 지나칠 가능성이 커.

상황 2 멧돼지를 일정한 거리에서 발견했다!

조용히 뒷걸음질하면서 안전한 곳으로 벗어나. 멧돼지에게 먼저 돌을 던지거나 손을 흔드는 행동은 위협이 될 뿐이야.

🟢 멧돼지가 가까이 오지 않게 하려면 어떻게 해야 할까?

멧돼지는 냄새를 잘 맡아서 음식을 먹고 나면 쓰레기는 즉시 치우는 게 좋아. 또 시끄러운 소리에 민감하게 반응하기 때문에 소음을 내면 멧돼지를 쫓아낼 수 있어.

 깜짝 위기 2

공원에서 목줄을 하지 않은 개가 나한테 달려들었어.

음식이나 물건을 던져서 주의를 돌리고, 천천히 피해. 신발을 던져도 괜찮아!

💬 다른 야생 동물을 만나면 어떻게 해야 할까?

예상치 못한 장소에서 야생 동물을 만나면 무척 당황스러울 거야. 야생 동물이 나타났을 때 대처하는 방법을 알아 두면 더 이상 불안하지 않겠지?

상황 1 뱀을 만났다!

호기심에 막대기로 건드리지 말고, 일단 피해. 만약 독사한테 물리면 얼른 119에 신고해. 기다리는 동안 상처 난 곳을 깨끗한 물로 씻고, 상처 부위를 심장보다 낮게 유지해야 독이 퍼지는 것을 늦출 수 있어. 또 입안의 상처에 독이 중독될 수 있기 때문에 섣불리 입으로 독을 빨면 안 돼.

상황 2 너구리를 만났다!

함부로 먹이를 주거나 관심을 보이지 마. 너구리한테 물리면 병원에 방문해서 감염병에 걸리진 않았는지 확인해.

상황 3 들개를 만났다!

뒷걸음질로 피하는 게 상책이야. 들개가 공격할 것 같으면 얼굴과 목을 움츠려서 방어하고, 주변에 도움을 요청해. 개한테 물려서 상처가 났다면 즉시 병원에 가서 파상풍 주사를 맞자.

여기서 Quiz Time

Q1 멧돼지는 시력이 좋아서 숨어 있는 사람도 잘 찾아낸다. O / X

Q2 캠프장에서는 먹다 남은 음식을 나중에 치워도 된다. O / X

Q3 뱀한테 물리면 얼른 독을 입으로 빨아내야 한다. O / X

Q4 너구리를 만나면 먹이를 주거나 만지면 안 된다. O / X

Q5 들개를 만나면 등을 보이고 도망가는 게 좋다. O / X

정답 01.X 02.X 03.X 04.O 05.X

"반려견 물림 사고 예방법"

우리나라 인구 5명 중 1명이 반려견을 키우고 있어. 그만큼 반려견에 대한 사랑이 남다르지. 하지만 가끔 발생하는 개 물림 사고로 인해 누군가는 부상을 입기도 하고, 보호자는 키우던 개를 떠나보내기도 해. 개 물림 사고를 예방하려면 어떻게 해야 할까? 먼저 **보호자 허락 없이** 반려견을 만지거나 다가가선 안 돼. 개는 눈을 오래 보면 위협으로 느껴. 보호자가 만지는 것은 좋아하지만 모르는 사람이 만지면 싫어하지. 특히, 음식을 먹거나 새끼를 키우는 반려견은 예민하기 때문에 자극하지 않는 게 좋아.

반려견을 키우는 입장이라면 외출할 때는 목줄을 채우고 사나운 개라면 입마개도 같이 씌워. 엘리베이터에서는 안거나 목줄을 짧게 잡고 함부로 짖지 않게 교육해야 해. 산책할 때도 배변 봉투를 챙겨서 처리하자. 대중교통을 이용한다면 전용 케이지에 넣고 이동하는 것을 잊지 마.

75

3. 교통안전

초록불로 바뀌자마자 급히 횡단보도를 건너다, 달려온 오토바이에 깜짝 놀란 적 있니?
버스에서 손잡이를 놓고 서 있다가 급정거하는 바람에 넘어질 뻔한 경험도 있을 거야.
교통질서를 준수하는 것은 스스로를 지키는 기본자세야.

나도 모르게 공사장에 들어갔다
한눈팔다 지나친 표지판
#보행자 #교통안전 표지판

깜짝 위기 1

학교 앞 횡단보도에서 택시가 쌩 하고 달렸어.
어린이 보호 구역에서는 30km 이상 속도를 내면 안 되는데 저런! 그럴 땐 주위를 살피고 건너자.

교통안전 표지판에 대해 살펴봐요!

길을 건너거나 차를 타다 보면 도로 위에 여러 표지판이 보이지. 교통안전 표지판은 사람과 자동차가 안전하게 다니기 위해 서로 지켜야 할 교통 약속이야. 교통 표지판이 무엇을 뜻하는지 알아야 미리 주의할 수 있어.

🗨 교통안전 표지판에는 어떤 것이 있을까?

표지판의 색깔과 모양에 따라 크게 3가지로 나눌 수 있어.

규제 '하지 마세요!'라고 금지하며, 흰색 바탕에 빨간색 테두리나 빨간색 바탕 사용

최고 속도 제한	보행자 보행 금지	자전거 통행 금지	진입 금지

주의 '조심하세요!'라고 경고하며, 노란 세모 바탕에 빨간 테두리 사용

위험	도로 공사 중	철길 건널목	횡단보도

지시 '이렇게 하세요.'라고 알리며, 파란색 사용

보행자 전용 도로	어린이 보호	자전거 전용 도로	직진

 깜짝 위기 2

인도에서 걷고 있는데 자전거가 불쑥 나타나서 놀랐어.

자전거 및 보행자 겸용 도로에서는 자전거와 보행자가 함께 다닐 수 있다멍.

횡단보도를 건너는데 신호가 바뀌어 버렸다

위험수준: 중위험 발생빈도: 2

빨리 떡볶이를 먹고 싶은 마음에…

#신호등 #횡단보도

지난번 마트에서 도와드렸던 할머니 기억나?

저 떡볶이집 주인이래.

보답하고 싶다면서 친구들 다 데려오라고 하셨어.

많이 먹어야지!

척

아싸

초록불이다!

내가 제일 빨리 가야지.

곧 바뀔 것 같은데….

탁 탁 탁

빨간불로 바뀌었어!

신호가 다시 바뀔 때까지 거기 가만히 서 있어!

잠시 후

일단 얼른 건너자.

부아앙 쌩 쌩 빵 빵

흐엉~ 무서웠어!

괜찮아?

깜짝 위기 1

초록불로 바뀌자마자 급하게 길을 건너다 오토바이에 치일 뻔했어.

신호등이 있어도 일단 멈추고, 이쪽저쪽을 살피며 차가 멈추었는지 확인해.

신호등이 안내하는 횡단보도 길잡이

휴~ 아까 얼마나 조마조마하던지….
내가 움직일 수 있었다면 국봉이에게 날아갔을 거야.
하지만 **보다시피** 난 한자리에 고정되어서 신호를 안내하느라 바쁘잖아.
대신 앞으로 횡단보도를 안전하게 건널 수 있도록 방법을 알려 줄게.

내가 빨간불일 때 길을 건너지 않아야 한다는 건 잘 알고 있지?
이때, 도로 쪽으로 나오지 말고 노란 안전선 뒤로 한 발 물러서서
기다려야 해. 너무 가까이 있으면 차바퀴에 밟힐 수 있거든.

앗, 초록불로 바뀌었다고 바로 건너면 안 돼.
오토바이가 지나가거나 차가 늦게 멈출 수도 있어. 신호가 켜지면
횡단보도에 화살표가 표시된 쪽에서 걸어. 도로 양쪽을 살피고
차가 완전히 멈췄는지 확인해. 그리고 손을 번쩍 들고
운전자에게 내가 건너겠다는 의사를 밝혀.

마지막으로 길을 건널 때는 마주 오는 사람과
부딪치지 않도록 오른쪽으로 건너. 만약 초록불 신호가
깜빡거리면 국봉이처럼 무리하게 뛰지 말고,
기다렸다가 다음 신호를 이용하자.

깜짝 위기 2

학원에 늦어서 빨리 가느라 무단 횡단을 했는데 무서웠어. 다음에는 안 그럴 거야.

생명보다 소중한 것은 없어. 반드시 횡단보도를 이용해라멍!

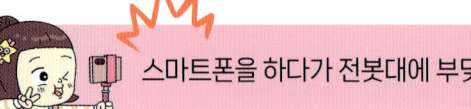

스마트폰을 하다가 전봇대에 부딪혔다

모범생을 좀비로 만든 스마트폰 #보행자 #스몸비

위험수준: 고위험
발생빈도: 2

깜짝 위기 1

이어폰을 끼고 걷다가 차가 오는지도 몰랐어.
길을 걸을 때 소리가 안 들리면 위험 상황을 알아차리지 못해서 위험하다멍!

스마트폰을 보면서 걸으면 안 되는 이유

지하철이나 버스에서 스마트폰을 보는 사람들이 많아. 심지어 길을 걸으면서 스마트폰을 보느라 시선이 빼앗겨서 교통사고가 일어나기도 해.

● '스몸비'란 말을 들어 봤니?

스몸비는 '스마트폰'과 '좀비'가 합쳐진 말이야. 스마트폰에 중독되어 길거리에서 고개를 숙이고 걷는 사람을 가리키지. 이들은 스마트폰을 사용하느라 주변을 제대로 살피지 않은 채 교차로를 그냥 지나가거나 마주 오는 사람과 부딪치기도 해.

● 길을 걸으면서 스마트폰을 사용하면 왜 위험할까?

우리는 평소에 약 14m에서 나는 소리까지 알아차릴 수 있는데, 스마트폰을 보고 있을 때는 평균 5m에서 나는 소리밖에 듣지 못해. 또 눈으로 볼 수 있는 범위도 좁아져. 전봇대 같은 장애물을 못 보고 부딪히거나 자전거, 오토바이 충돌처럼 돌발 상황에 대처하기도 어렵지.

● 스몸비 사고를 예방하는 방법에는 어떤 것이 있을까?

길에서는 주머니나 가방에 스마트폰을 넣고 주변을 잘 살피면서 걸어. 되도록 이어폰, 헤드폰을 사용하지 말고 꼭 써야 한다면 귓구멍을 막지 않는 이어폰을 추천해. 특히, 차가 다니는 도로에서는 절대 사용하지 마.

 깜짝 위기 2

난 버스 안에서 계속 웹툰 보다가 내려야 할 정류장을 지나쳤지.

다음부터는 안내 방송에 집중해서 정류장에 도착하기 전에 미리 벨을 누르고 기다려.

자전거 체인에 옷이 빨려 들어갔다

때와 장소에 맞는 패션이 중요해!

#상황에 맞는 옷차림 #자전거

깜짝 위기 1

자전거를 타고 모퉁이를 도는데 사람이 툭 튀어나와 아찔했어.

모퉁이, 건널목에서는 속도를 줄이거나 멈춰서 확인하고 지나가야 해.

자전거를 탈 때, 이것만은!

방국봉에게

오랜만에 자전거를 탄다더니, 네 패션을 보니 얼마나 신났는지 알겠더라. 하지만 네 옷이 자전거 체인에 껴서 사고가 난 걸 보면서 몇 가지 알려 줘야겠다고 결심했어.

자전거 사고가 났을 때 가장 심하게 다치는 곳은 어디일까? 정답은 머리야. 그래서 안전모를 써서 보호해야 해. 무릎 보호대와 팔꿈치 보호대, 보호 장갑도 필수지. 옷은 편안한 차림이 좋지만, 움직임이 조심스러운 치마나 통이 넓은 바지, 끈 있는 신발, 목도리는 자전거에 걸릴 수 있으니 피하는 게 좋아.

자전거 상태도 미리 점검해야 해. 자전거에 이상이 있으면 사고가 날 수 있거든.

타이어 공기
타이어를 눌러 바람이 잘 들어 있는지 확인하기

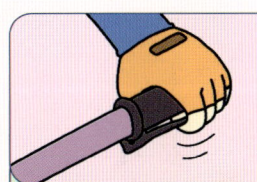

브레이크
브레이크를 잡으면 바퀴가 멈추는지 살피기

체인
페달을 돌려서 체인이 부드럽게 돌아가는지 보기

모든 준비가 끝났다면 자전거 도로에서 자전거를 타면 돼. 만약 자전거 도로가 없다면 차도를 이용해. 혹시 비가 올 때 자전거를 타야 된다면 밝은색 옷을 입고, 우산보다 비옷을 챙기자.

 한 손에 게임기를 들고 자전거를 탔는데 휘청였어.

손에 물건을 들거나 양손을 놓고 타면 절대 안 된다멍!

안전벨트를 살짝 풀었는데 차가 급정거했다

위험수준 중위험

발생빈도 2

편안함보다 더 중요한 게 있어!

#안전벨트 #자동차

"다들 안전벨트 맸지?"

"꺄아"

"이제 출발한다!"

"놀이공원 가서 재밌는 영상 많이 찍을게요."

"회전 그네야, 기다려라!"

잠시 후

"답답한데"

"배만 살짝 걸쳐야겠다."

"갑자기 웬 고양이가…."

"얘들아, 조심해!"

꺄오 끼이익 으아앙

"한발 늦었잖아?"

퍽

"안전벨트를 엉성하게 매면 어떡해! 오늘 놀이공원은 취소야."

 깜짝 위기 1

조리는 유치원 다닐 때도 안전의자에 앉기 싫다고 울었잖아요.

나이와 신체에 맞는 안전의자에 앉아야 혹시 사고가 나도 충격을 덜 받아.

긴급 상황에서 생명을 지키는 안전벨트

안녕하십니까?
별별 뉴스입니다.

메가시의 한 교차로에서 갑자기 뛰어든 고양이 때문에 자동차가 급정거하는 일이 발생했습니다. 이로 인해 차 뒷좌석에 앉아 있던 어린이의 몸이 앞으로 쏠리면서 이마를 조금 다쳤습니다. 당시 어린이는 안전벨트를 살짝 걸치고 있었습니다. 전문가들은 안전벨트 덕분에 큰 부상은 피했지만, 제대로 착용했다면 다치지 않았을 것이라고 말했습니다. 안전벨트는 차가 무언가에 부딪치거나 갑자기 멈췄을 때 몸을 고정시켜 밖으로 튕겨 나가지 않도록 막아 줍니다. 하지만 안전벨트를 매지 않은 상태에서 충돌하면 건물에서 떨어지는 것과 같은 충격을 받는다고 합니다.

안전벨트 안전 수칙

① 전 좌석에서 의무적으로 안전벨트 착용하기

② 안전벨트를 맬 때 '딸각' 소리가 나도록 잠그기

③ 안전벨트가 어깨와 골반뼈를 지나가도록 매기

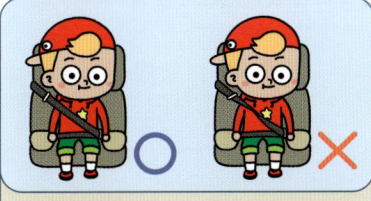

④ 안전벨트가 꼬이지 않도록 평평하게 매기

깜짝 위기 2

 요리 누나는 자동차 창문을 열고 장난치다가 야단맞았지.

창밖으로 손이나 얼굴을 내밀면 옆 차와 부딪칠 수 있다멍.

숨바꼭질하는데 갑자기 주차된 차가 움직였다

위험수준 고위험 | 발생빈도 1

설마가 사람 잡는다! #사각지대 #자동차

 **깜짝 위기 1**

 아파트 지하 주차장에서 나오는 차를 못 보고 지나가다 치일 뻔했어.

주차장 입구 경고등에 빨간불이 들어오면 차가 나온다는 뜻이야.

자동차 사각지대 바로 알기

보통 주차장은 넓지만 사람이 많지 않아. 그래서 어린이가 뛰어놀거나 숨기에 좋은 놀이터라고 생각할 수 있지. 하지만 자동차 근처는 상당히 위험한 장소야.

🗨 사각지대는 무엇일까?

사각지대는 어느 위치에 섰을 때 사물이 보이지 않는 부분을 말해. 자동차에는 6군데가 있지. 차의 앞부분과 옆 창문 쪽, 차 뒤쪽은 운전석에서 잘 안 보여. 차가 클수록 운전자가 볼 수 없는 부분은 넓어져. 몸집이 작은 어린이가 사각지대에 있으면 운전자가 발견하기 어려워.

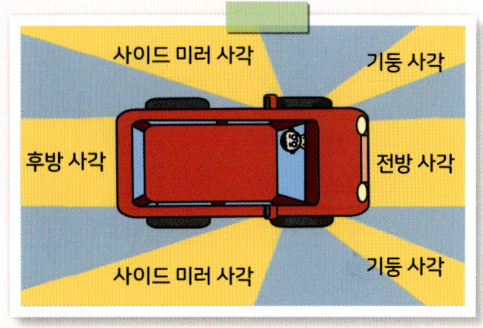

🗨 왜 주차된 차 주위에서 놀면 안 될까?

주차된 차라고 해서 계속 멈춰 있지 않아. 갑자기 앞으로 나아가거나 뒤쪽으로 움직일 수 있지. 운전자가 사각지대에 있는 어린이를 못 보고 출발하면 피할 새도 없이 치이게 되는 거야.

만약 축구하다가 차 밑으로 공이 굴러가면 어떻게 해야 될까? 직접 기어 들어가지 말고, 차 안에 사람이 타고 있는지 확인한 뒤 어른에게 도움을 요청해. 네 눈에는 운전자가 보여도 차에 탄 운전자는 네가 안 보일 수 있다는 사실을 꼭 기억해.

🚨 깜짝 위기 2

 트럭이 모퉁이를 도는데 나랑 너무 가까웠어요.

차도와 가깝게 걷지 말고, 인도 안쪽으로 걸어야지.

버스에서 쫘당 넘어질 뻔했다

위험수준: 중위험
발생빈도: 2

위기의 순간, 요리가 잡은 것은? #대중교통 #버스

깜짝 위기 1

 이럴 수가! 버스 뒷문에 치마가 끼었어.

버스에 타거나 내릴 때는 목도리, 끈 달린 옷, 치마가 문에 끼지 않게 주의해.

버스에서 타고 내릴 때 기억할 것

요리에게

등굣길이나 출퇴근 시간 버스는 많은 사람으로 붐비지. 게다가 무거운 짐을 들고 탔다면 더 힘들었을 거야. 지금부터 버스를 안전하게 이용할 수 있는 꿀팁을 알려 줄게.

버스를 타기 전에는 미리 교통 카드를 준비해. 그러면 차 안에서 허둥대지 않아도 돼. 버스를 기다릴 때도 차도에 내려서지 마. 달려오는 오토바이나 차에 부딪칠 수 있거든.

버스를 타면 손잡이를 꼭 잡아. 버스가 출발하고 멈출 때, 방향을 틀 때는 몸의 균형을 잃기 쉬워. 사람이 많다고 그냥 서 있다가 넘어지지 말고, 적당히 발을 벌리고 손잡이를 잡자. 물건이 많다면 손으로 들지 말고, 발밑에 내려놓는 게 좋아.

버스 안에서 안내 방송을 잘 듣고 있다가 목적지에 도착하기 전에 하차 벨을 눌러. 후다닥 내리려고 서두르다가 사고가 날 수 있어. 버스가 완전히 멈추면 문에 옷이 끼지 않았는지 확인하고, 주위를 살피면서 내리도록 해.

깜짝 위기 2

 가방이 문에 끼였는데 버스가 그냥 출발하려고 했어.

위험하니까 달리는 버스 문에 매달려 억지로 빼지 마라멍!

비행기를 탈 때 주의할 점

비행기는 사고가 거의 없는 안전하고 편리한 교통수단이야. 하지만 사고가 일어나면 치명적일 수 있어서 비상 상황에 대한 준비가 필요해.

🗨 비행기는 왜 갑자기 흔들릴까?

배가 파도에 출렁거리는 것처럼 비행기도 강한 공기의 흐름을 만나면 흔들릴 수 있어. 이때, 불규칙한 공기의 흐름을 '난기류'라고 불러. 심할 때는 비행기가 수백 미터까지 상승했다가 내려가지. 화물칸에 있던 짐이 사방으로 떨어지거나 안전벨트를 매지 않으면 다칠 수 있어. 양손을 머리 위에 올려놓고, 고개가 앞좌석 등받이에 닿도록 숙이거나 가슴이 무릎에 닿을 만큼 상체를 굽히면 충격을 줄일 수 있어.

충격 방지 자세 — 앞좌석이 있을 때 / 앞좌석이 없을 때

🗨 비행기 안에서 지켜야 할 규칙에는 무엇이 있을까?

비행기에는 다양한 안전장치가 마련되어 있는 만큼 규칙만 지킨다면 너무 두려워할 필요는 없어.

① 굽이 뾰족한 신발이나 맨발에 슬리퍼 신지 않기
② 내 자리에서 가까운 비상구 위치 확인하기
③ 자리에 앉아 있을 때는 좌석 벨트 착용하기

🚨 깜짝 위기 2

 유람선을 탔는데 파도가 출렁여서 멀미가 심하게 났어요.

속이 울렁거리면 심호흡을 여러 번 하고, 눈을 감거나 먼 곳을 봐.

4. 재난 안전

강한 바람을 타고 순식간에 번져 도시 전체를 뒤덮은 산불 소식 들어 본 적 있니?
감염병 때문에 전 세계적으로 수많은 사람이 생명을 위협받았던 일도 기억할 거야.
아무리 어렵고 힘든 상황도 우리의 노력으로 조금씩 바꿔 나갈 수 있어.

소화기 사용법을 깜빡 잊어버렸다 　고위험　1

왜 있는데 쓰질 못해!
#화재　#소화기

"아이스크림 먹고 갈 사람?"
"오!"
"누나가 사 줄 거야?"
"역시 멋져."
"힉"
"헐~"
"웬일이야!"

"왜 연기가 나지?"
"아까 버린 게 담배꽁초였단 말이야?"
"헉"
"에휴~"

"알바 누나가 잠깐 화장실 갔나 봐. 일단 소화기로 끄자!"
"벌컥"
"헉헉"
"잘 찾았네!"
"근데 이걸 어떻게 썼더라?"
"얼른 119에 신고할게!"

깜짝 위기 1

고데기를 켜 놓은 채 외출한 적 있어.

전기 제품을 사용하지 않을 때는 전원을 꼭 끄고, 플러그도 빼.

소화기가 알려 주는 제대로 사용법

에헴! 나로 말할 것 같으면 오늘 편의점 앞에서 난 불을 화끈하게 끈 영웅이라고 할 수 있지. 그런데 별별 남매와 국봉이가 나를 들고 쩔쩔매더군. 설마 사용법을 잊어버렸을 줄이야….

불이 나면 **먼저,** 내 몸통을 잡고 안전핀을 뽑아. 그리고 바람을 등지고 서서 호스를 불 쪽으로 향하게 해. 손잡이를 꽉 움켜쥐면 하얀 가루가 차아악 나오지. 이때, 불을 다 덮을 수 있도록 골고루 뿌리면 돼.

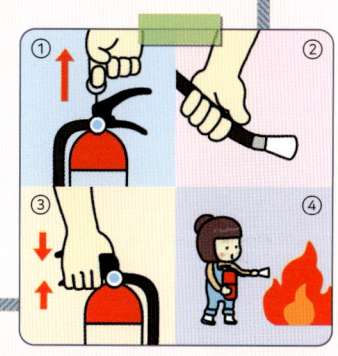

난 작은 불은 끌 수 있지만, 불길이 **점점** 거세지면 제압하지 못해. 그래서 화재가 발생하면 "불이야!" 하고 큰 소리로 외쳐서 알려야 해. 주위에 화재 경보 비상벨이 있다면 눌러.

불이 났을 땐 속도가 생명이야! 연기를 마시지 않도록 젖은 수건으로 코와 입을 막고, 낮은 자세로 계단을 통해 밖으로 나가. 안전한 장소에 갔으면 침착하게 119에 신고해.

깜짝 위기 2

 생일 파티에서 촛불을 끄다가 옷에 불이 붙었어.

두 손으로 눈과 입을 가리고, 불이 꺼질 때까지 바닥에 뒹굴어라멍.

친구의 것을 한 입 먹었는데 열이 난다

남의 음식을 함부로 먹으면 안 돼! #감염병 #전염병

 자고 일어났는데 열이 나고 한쪽 볼이 퉁퉁 부었어.

볼거리일지도 몰라. 다른 사람과 접촉하지 말고, 병원에 가라멍.

# 감염병을 예방하는 방법

코로나19, 독감, 콜레라의 공통점은 무엇일까? 우리 몸속에 세균이나 바이러스가 들어와 그 수가 확 늘어남으로써 생기는 '감염병'이야. 감염병 중에서도 사람, 물, 공기 등을 통해 주위에 옮을 수 있다면 '전염병'이라고 부르지.

1 기침과 재채기를 아무렇게나 해도 상관없다?

No 코로나19, 수두, 홍역 같은 감염병은 침이나 공기를 통해 전파돼. 전염성이 강해서 기침 예절을 지켜야 하지.

이건 꼭 기침과 재채기가 나면 휴지, 손수건, 옷소매 등으로 입을 가려. 그 후에는 30초 이상 흐르는 물에 비누로 손을 씻자.

2 감염병에 걸린 친구와 음식을 나눠 먹어도 괜찮다?

No 콜레라, 노로바이러스 등의 감염병은 오염된 음식 섭취로 걸릴 수 있어서 음식을 나눠 먹으면 안 돼.

이건 꼭 손 씻기뿐만 아니라 음식 익혀 먹기, 물 끓여 마시기도 중요해. 오염된 옷과 이불을 세탁해서 바이러스를 없애 줘.

3 해마다 독감 예방 접종을 할 필요가 없다?

No 독감의 원인이 되는 바이러스는 계속 달라져. 작년에 맞은 독감 주사가 올해 유행하는 독감을 예방할 수 없어.

이건 꼭 독감은 심한 증상을 보이거나 다른 병까지 유발할 수 있어. 독감이 유행하기 전인 9~11월에 예방 접종을 하는 게 좋아.

 감염병에 걸리면 물을 많이 마시고, 몸에 좋은 과일과 채소를 먹으면서 푹 쉬면 서서히 회복될 거야.

깜짝 위기 2

 우리 반에서는 결막염이 유행이야. 나도 걸릴까 봐 불안해.

식사 전후에는 손을 잘 씻고, 되도록 눈을 만지지 마.

마스크를 잠깐 벗었을 뿐인데 목이 아프다

위험수준 저위험 발생빈도 3

콜록콜록 핼러윈 데이 #황사 #미세 먼지

 깜짝 위기 1

 미세 먼지 많은 날 외출했더니 눈이 빨갛게 충혈됐어.

집에 돌아오면 구석구석 깨끗하게 씻어서 몸에 남아 있는 먼지를 털어 내야 해.

황사와 미세 먼지가 심할 때

봄가을은 야외 활동을 하기에 좋은 계절이야. 하지만 요즘은 황사와 미세 먼지가 심각해져서 전국이 몸살을 앓고 있지. 둘 다 사람의 건강을 위협하기 때문이야.

🗨 황사, 미세 먼지는 무엇일까?

황사는 중국과 몽골의 사막에서 날아오는 흙먼지야. 봄철에 바람을 타고 와서 우리나라에 영향을 주지. 미세 먼지는 공기 중에 떠다니는 아주 작은 먼지야. 계절에 상관없이 공장, 자동차 등에서 뿜어내는 매연 때문에 생겨.

황사 / 미세 먼지

🗨 황사, 미세 먼지는 우리 몸에 어떤 영향을 미칠까?

황사나 미세 먼지가 눈에 들어가면 눈병을 일으키고, 숨 쉴 때 코와 목으로 들어가면 알레르기 비염, 천식 같은 호흡기 질환을 유발해. 혈관에 들어가서 염증을 만들거나 피부에 닿으면 피부염이 생기지.

🗨 황사, 미세 먼지가 심할 때는 어떻게 해야 할까?

일단 뉴스를 통해 공기 상태를 확인해. 가급적 외출을 자제하고, 꼭 나가야 한다면 미세 먼지용 마스크를 쓰고 피부 노출을 줄이기 위해 긴 옷을 입어. 집에 돌아오면 몸을 깨끗이 씻고 물을 충분히 마시자.

미세 먼지 등급	좋음	보통	나쁨	매우 나쁨
	야외 활동 지장 없음	야외 활동 지장 없음	장시간 야외 활동 자제	야외 활동 자제

🚨 **깜짝 위기 2**

 마스크를 사려고 하는데 종류가 너무 많아.

KF 뒤에 숫자가 클수록 미세 먼지 차단 효과가 크다멍.

황사, 미세 먼지를 줄이는 방법에는 어떤 것이 있을까?

황사로 인한 피해는 중국과 몽골은 물론 한국, 일본까지 미쳐. 햇빛을 차단해서 농작물이 잘 자라지 못하고, 자동차나 비행기의 시야가 좁아져 운전할 때 어려움을 겪게 만들지. 사막이 넓어질수록 황사가 심해지기 때문에 나라마다 나무를 심는 운동을 벌이고 있어.

생활 속에서도 실천할 수 있어. 가까운 거리는 걷거나 대중교통을 이용해. 사용하지 않는 전기 제품의 전원은 끄고, 일회용품 사용을 줄이다 보면 미세 먼지도 점점 줄어들 거야.

여기서 Quiz Time

Q1 황사는 몽골 강가에서 날아오는 흙먼지이다. O / X

Q2 미세 먼지는 건강에 큰 영향을 주지 않는다. O / X

Q3 미세 먼지 등급이 나쁨일 때, 오랫동안 바깥에 있는 것은 좋지 않다. O / X

Q4 황사로 인해 농작물의 성장이 더뎌질 수 있다. O / X

Q5 자전거, 버스를 이용하면 미세 먼지를 줄일 수 있다. O / X

정답 Q1. X, Q2. X, Q3. O, Q4. O, Q5. O

여러 가지 자연 재난과 대처 방법

'자연 재난'은 자연 현상 때문에 생기는 피해야. **피할 새도 없이** 갑자기 찾아와서 생명이나 재산에 큰 영향을 미치지. 사람의 힘으로 막기는 어렵지만 피해를 줄이도록 대비할 순 있어.

종류	실제 사례	대처 방법
홍수	·강이 범람해서 다리가 끊김 ·집에 물이 들어와서 가구가 젖음 ·도로가 물에 잠겨서 차가 다닐 수 없음	·하천이나 강 근처로 가지 않기 ·전기, 가스, 수도 등을 차단하기 ·높은 곳으로 대피하기
태풍	·바람에 간판이 날아감 ·집 유리창이 깨짐	·집 주변에 날아갈 물건을 치우기 ·창문을 꼭 닫고 밖에 나가지 않기
폭염	·몸이 떨리고 피곤함 ·머리가 어지럽고 쓰러질 듯함	·시원한 곳에서 쉬고 물을 자주 마시기 ·119에 신고하고 병원에서 진료받기
대설·한파	·눈이 많이 와서 차가 미끄러짐 ·빙판길에 넘어져서 엉덩방아를 찧음 ·손발이 꽁꽁 얼어 버림	·따뜻한 옷과 장갑, 모자를 챙기기 ·주머니에서 손을 빼고 천천히 걷기
지진	·집 안 물건들이 떨어짐 ·건물이 흔들림 ·엘리베이터가 멈춰서 갇힘	·재빨리 탁자 밑으로 숨기 ·운동장 같은 넓은 장소로 대피하기 ·엘리베이터 대신 계단을 이용하기
낙뢰	·나무가 벼락을 맞음 ·집 안의 전기가 나감	·집 안 전기 제품의 플러그를 빼기 ·키 큰 나무 밑에 가지 않기 ·외출 시 우산보다 비옷을 입기

잠깐! 자연 재난은 언제, 어떻게 닥칠지 몰라. 이때 안전하게 지내도록 도와주는 비상용 가방이 있어. **'생존 배낭'**에 물, 비상식량, 비상약, 손전등, 휴대용 라디오, 담요, 핸드폰 충전기, 휴지, 현금, 비옷 등을 챙겨 두면 안심될 거야.

5. 폭력 예방 및 신변 보호

내가 원하지 않는데 재밌다고 누군가 나한테 장난을 친다면 어떨까?
아무리 친한 사이라도 나에게는 상처가 될 거야.
이럴 땐 솔직하고 용기 있게 내 마음을 말하는 게 좋아.

안절부절, 나를 괴롭히는 위협

친구가 자꾸 이상한 별명으로 놀린다

무례한 전학생 퇴치 작전 #언어 폭력 #친구 관계

위험수준: 저위험
발생빈도: 2

안녕? 새로 전학 온 변기동이야. 앞으로 잘 부탁해.

기동이는 창가 맨 뒷자리에 앉으렴.

반가워. 내 이름은 조리야.

오! 너 내가 좋아하는 과자 닮았다!

그게 뭔데?

피부가 오돌토돌하고 까만 데다, 이름도 딱 죠리뽕이잖아.

잠시 후

전학 온 애가 나더러 죠리뽕이래.

눈에는 눈, 이에는 이랬어!

앞으로 걔를 부를 때 '동'을 강조해서 불러. 이런 포즈로 말이야.

그건 좋은 방법이 아닌 것 같아.

너네들 고구마 백 만개다!

메롱 메롱

변기통~

상대방을 똑같이 놀린다고 문제가 해결될까?

 학원 친구들이 나보고 공부 못한다고 놀렸어.

학교 성적으로 놀리다니 비겁해. 그건 장난이 아니라, 괴롭힘이야.

언어 폭력에 대처하는 자세

죠리에게

오늘 전학생 때문에 속상했지? 그 애가 네가 싫어하는 별명으로 놀리는 모습을 보고 나도 덩달아 화가 났어. 국봉이가 더 이상한 별명을 만들어서 복수하자고 할 땐 통쾌하기도 했지.

누구도 네가 싫어하는 말이나 행동을 할 권리는 없어. 아무리 장난이라고 해도 말이야. 전학생은 너의 마음을 생각하지 않은 채 무례하게 군 거야. 그러니까 속으로만 끙끙 앓지 말고, 확실하게 말해. "나는 네가 별명으로 부르는 게 싫어. 함부로 판단하지 마."라고 말이야. 그래도 멈추지 않는다면 선생님이나 다른 어른에게 얘기하고 상담하는 방법도 있어.

이상한 별명을 들었다고 해서 네가 이상한 사람이 되는 건 아니야. 네 자신을 스스로 깎아내릴 필요 없어. 무엇보다 네 옆에는 티격태격하면서도 너의 일이라면 두 팔 걷어붙이고 돕는 가족과 친구들이 있잖아. 너는 우리에게 소중한 존재라는 사실을 잊지 마.

깜짝 위기 2

내 짝꿍이 나는 어른들 말만 듣는다고 나랑은 말 안 하겠대.

버럭 화내거나 울지 말고, 차분하게 그러지 말라고 말해라멍.

채팅창이 이상한 이모티콘으로 도배됐다

난 돼지 보스는 싫어! #사이버 폭력 #친구 관계

깜짝 위기 1

 친구가 게임하자고 해서 거절했더니 욕이 섞인 문자를 계속 보내.

하지 말라는 거부 의사를 확실하게 밝히고, 화면을 캡처해서 증거로 수집해.

이모티콘과 함께하는 채팅 예절

한 번도 안 쓴 사람은 있어도 한 번만 쓴 사람은 없다는 말 들어봤어?
바로 나를 가리키는 표현이야. 그런데 오늘 채팅방에서 내가 마구 쓰여서 놀랐을 거야. 채팅 분위기를 재미있고 부드럽게 만들어 주는 나를 이용해서 놀리다니 속상해!

나는 **원래** 자신의 기분이나 생각을 효과적으로 전달하기 위해 만들어졌어. 적절하게 사용하면 도움이 되지만, 너무 많이 보내거나 이상한 이미지로 바꾸어 보내면 괴롭힘이 되지. 불쾌한 이미지를 반복적으로 보내는 건 상대방을 기분 나쁘게 만들기 때문이야.

그렇다면 **어떻게** 해야 할까? 먼저, 상대방에게 "이모티콘 도배는 불편해. 그만 보내."라고 얘기해.
그 사람을 차단하거나 채팅방을 나가서 새 방을 만드는 방법도 있어. 그래도 계속한다면 채팅 내용을 캡처해서 증거로 남기고, 신고해.

앞으로 나를 올바르게 사용하겠다고 약속해.
다른 사람의 생김새, 성격, 과거의 일 등을 비난하는 것은 상처가 되는 바람직하지 못한 행동이라는 점 기억하자.

깜짝 위기 2

단체 채팅방에서 친구들이 내 말을 무시하고 아무도 반응하지 않아.

학교 폭력 신고 센터 연락처 117로 전화하거나 #0117로 문자를 보내서 상담해라멍.

친구들이 내 모바일 데이터를 빼앗아 공짜로 사용한다

위험수준: 저위험 발생빈도: 2

보이지 않지만 내 거야!

#물리적 폭력 #금품 갈취

 깜짝 위기 1

학원 형이 친구들 돈을 걷어 오라고 시켰어. 나 어떡해?

일단 알겠다고 대답하고 자리를 피하는 게 좋아. 그러고 나서 부모님한테 이 상황을 얘기해.

나와 내 물건을 지키는 방법

모바일 데이터는 돈처럼 눈에 보이는 물건이 아니야. 그래서 핫스팟을 켜고 모바일 데이터를 달라고 하는 것에 대해 대수롭지 않게 생각할 수 있지. 하지만 실제로 물건을 빼앗는 행동과 다름없어.

1 친구끼리 데이터를 얼마든지 주고받을 수 있다?

No 원하지 않는데 친구가 멋대로 네 물건을 사용하는 행동은 범죄야. 강요해서도 안 되지.

이건 꼭 데이터도 내 재산이야. 계속 달라고 한다면 "이건 내 물건이야. 난 너에게 주기 싫어."라고 확실하게 말해.

2 용돈이 떨어질 때마다 도움을 요청하는 친구에게 돈을 빌려줘도 괜찮다?

No 돌려줄 생각도 없으면서 돈을 빌리거나 물건을 가져오라고 하는 행동은 옳지 않아. 심지어 반복된다면 사기야.

이건 꼭 친구가 깜빡했을 수도 있으니 과거 기억을 일깨워 줘. 그래도 바뀌지 않는다면 너의 입장을 설명하고 빨리 돌려달라고 하자.

3 학교 언니가 빵을 사 오라고 시키면 해야 한다?

No 원하지 않고, 해야 할 의무가 없는 일을 억지로 하지 마. 너의 의지와 상관없이 심부름을 시킨다면 학교 폭력이야.

이건 꼭 단호하게 거절하기 어렵다고 생각되면 믿을 만한 어른에게 도움을 요청하는 게 좋아.

잠깐 문제가 일어났을 때, 주변에 알리지 않으면 피해 사실을 알기 어려워. 혼자 고민하지 말고 주위에 도움을 요청하면 훨씬 든든할 거야.

깜짝 위기 2

옆 반 친구가 체육복을 빌려 가서 안 돌려줘.

고민하지 말고 선생님, 경찰 등 주위 어른에게 알려.

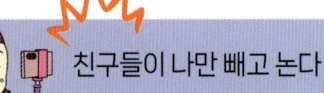

# 집단 따돌림이 생기는 이유

학교 안팎에서 따돌림은 생각보다 자주 일어나. 신체적 특징이나 성격, 사소한 일로 다툼이 생겨서 시작되기도 해. 그만큼 누구에게나 일어날 수 있는 일이야.

🗨 집단 따돌림은 무엇일까?

집단 따돌림은 여러 사람이 특정한 친구를 반복적으로 따돌리는 행동이야. 대화에 끼워 주지 않고, 놀이에서 빼거나 이상한 소문을 퍼뜨리기도 하지. 괴롭힘을 당한 친구는 마음의 상처를 받을 뿐만 아니라, 어른이 되어서까지 힘들어할 수 있어.

🗨 집단 따돌림은 왜 일어날까?

어떤 친구는 무리에 잘 어울리고 싶어서 상대적으로 힘이 약한 다른 친구를 소외시켜. 또 상대방을 무시하면서 재미를 느끼기도 해. 오해나 편견 때문에 친구를 싫어하거나, 무리의 리더가 따돌림을 시작하면 덩달아 따라 하는 일도 있어. 하지만 이런 행동은 모두 잘못된 거야.

🗨 집단 따돌림을 당하면 어떻게 해야 할까?

따돌리는 친구에게 싫다고 확실하게 말해. 그래도 상황이 나아지지 않으면 선생님이나 부모님에게 알려. 만약 괴롭힘을 당하는 친구를 목격했다면 나도 따돌림을 당할까 봐 두려워하지 말고 용기 내어 보호하자. 친구의 장점을 널리 알리는 방법도 좋아. 혹시 네가 다른 친구를 따돌렸다면 상대방의 입장이 되어 생각해 보고 사과해.

🚨 깜짝 위기 2

 우리 반 단체 채팅방에서 나만 쏙 빼놓고 다 모인 거 있지!

실수로 빠트렸을 수 있으니 확인해 보고, 당당하게 내 입장을 전해라멍.

절대로 넘어가면 안 되는 성폭력

하니에게

갑자기 뽀뽀라니 당황스러웠지? 심지어 아는 어른이라서 어떻게 해야 할지 망설여졌을 거야. 성폭력은 상대방이 원하지 않는데 몸을 함부로 만지거나 보는 행동을 말해. 아무리 칭찬하려는 목적이었다지만 동의 없이 만진다면 성폭력이야. 편의점 사장님이 장난처럼 굴었더라도 네가 불쾌하고 무서웠다면 성폭력이야. 네 감정을 무시했기 때문이지.

그럴 땐 오늘처럼 "안 돼요! 싫어요! 하지 마세요!"라고 크게 외쳐. 그리고 부모님이나 선생님에게 알려. 어른들은 이야기를 듣고 필요하면 경찰에 신고해서 다시는 이런 일이 생기지 않도록 도와줄 거야. 참! 앞으로 그 편의점은 가지 않는 게 좋겠어.

아까와 같은 상황은 절대 네 잘못이 아니야. 성폭력은 낯선 사람만이 아니라, 친척이나 이웃 등 가까운 사이에서 일어날 수도 있거든. 또 얼굴만 봐서는 착한 사람과 나쁜 사람을 알 수 없기 때문에 겉모습으로 판단해선 안 돼.

 게임 벌칙으로 국봉이가 나한테 똥침을 놨어요.

다른 사람이 불쾌감을 느낄 수 있는 행동을 해선 안 된다고 말해.

마음대로 올린 친구의 사진이 이상한 형태로 떠돌아다닌다

위험수준 **고위험** 발생빈도 **2**

누가 대체 이런 짓을 한 거야? #디지털 성범죄 #딥페이크

🚨 깜짝 위기 1

내 너튜브 영상을 보고 누군가 내 외모를 비하하는 악플을 달았어.

상처받을 필요 없어. 해당 댓글을 캡처해서 너튜브 고객센터에 신고해.

딥페이크를 조심하세요!

안녕하십니까? 골든 기자입니다.

최근 인공 지능 기술로 사진이나 영상을 조작해서 진짜처럼 보이게 만드는 '딥페이크'가 유행하고 있습니다. 한 초등학생이 피해를 보는 일까지 생겼는데요. 사건의 발단은 초등학생의 친구가 SNS에 몰래 올린 엽기 사진이었습니다. 이 사진은 개인의 동의 없이 무분별하게 배포되어 이상한 사진과 합성되고 말았습니다. 학교 친구들은 물론, 모르는 사람에게까지 퍼져 큰 충격을 주었습니다. 이처럼 딥페이크는 특정한 사람의 얼굴을 합성하여 성적인 내용을 담은 콘텐츠를 만들거나 실제로 하지 않은 말, 행동을 조작하여 거짓 정보를 퍼뜨리는 데 악용되고 있습니다.

딥페이크 안전 수칙

① 이름, 집 주소 같은 개인 정보가 포함된 사진 공유하지 않기

② 모르는 사람이 보낸 링크나 메시지 열지 않기

③ 친구 사진을 허락 없이 찍거나 SNS에 올리지 않기

④ 피해를 당하면 영상이나 사진으로 남기고, 경찰에 신고하기

깜짝 위기 2

아빠가 내 돌 사진을 상의도 없이 단체 채팅방에 올렸어!

우리 조리 귀여웠던 모습을 공유하고 싶었는데, 기분 나빴다면 미안해.

오픈 채팅에서 알게 된 사람이 단둘이 만나자고 한다

받고도 당황스러운 선물 #그루밍 범죄 #불법 촬영

 깜짝 위기 1

모르는 사람이 게임 아이템을 준다고 내 사진을 보내 달래.

아무 이유 없이 친절을 베푼다고? 그런 선물은 거절하는 게 좋아.

온라인 그루밍 대처 방법

요즘은 게임이나 메신저, SNS를 통해 친구를 사귀는 경우가 많아. 하지만 온라인에서 처음 만났는데 친한 척 다가오거나 선물을 주면 조심해야 해. 왜냐하면 상대방이 어떤 사람인지 모르기 때문이야.

온라인 그루밍은 무엇일까?

그루밍은 '길들이다'라는 뜻이야. 온라인 그루밍은 채팅 등을 하며 친해진 다음, 성적으로 괴롭히면서 위험한 상황에 빠뜨리는 행동이야.

온라인 그루밍은 어떻게 시작될까?

처음에는 고민을 들어 주거나 칭찬하면서 친구처럼 행동해. 게임 아이템, 돈 등 선물을 주면서 마음을 얻기도 하지. 하지만 "이건 우리끼리 비밀이야."라면서 부모님에게 알리지 못하게 해. 점점 친해질수록 만나자고 하거나 성적인 사진, 개인 정보를 요구하고 말을 듣지 않으면 퍼뜨리겠다고 협박하지.

온라인 그루밍을 예방하려면 어떻게 해야 할까?

채팅방이나 SNS에 이름, 집, 학교, 전화번호를 노출하지 말고, 개인적인 사진이나 영상을 요청하면 거절해. 온라인 그루밍은 모르는 사람뿐 아니라 아는 사람에 의해서도 발생할 수 있다는 사실을 잊지 말자.

깜짝 위기 2

 채팅에서 친해진 오빠가 이상한 영상을 찍어서 보내라고 시켜.

성적인 수치심을 일으키는 대화나 행동은 옳지 않아. 당장 차단해라멍!

친구가 더 이상 살고 싶지 않다고 말한다

슬픔은 나누면 반으로 줄어든다!

#자살 #생명 존중

위험수준 발생빈도
 고위험   1

- 민지 얼굴이 어두워 보여.
- 응, 요즘 맨날 한숨만 쉬어.
- 아무래도 직접 가서 물어봐야겠어.
- 가 보자.
- 민지야, 무슨 일 있어?
- 너희는 사라지고 싶다는 생각을 해 본 적 있어?
- 그럴 줄 알았어. 난 맨날 하는데….
- 난 쓸모없는 아이야. 내가 없어져도 아무도 모를걸?
- 이 세상에 내 이야기를 들어 줄 사람이 있을까?
- 절대 그렇지 않아.
- 왜 그런 생각을 해!
- 내 큰 귀 보이지? 네 이야기를 얼마든지 들을 준비가 됐어.
- 나도!

 학교 컴퓨터에서 누군가 '아프지 않게 사라지는 법'을 검색한 것 같아!

친구의 마음이 힘들다는 신호일 수 있으니 선생님한테 알리자.

 요리의 편지

힘들어하는 친구를 위로하는 방법

민지에게

그동안 힘들었지? 요즘따라 넌 웃지도 않고, "이 세상에서 없어지면 좋겠어."라는 말을 자주 하더라. 처음에는 농담인 줄 알았는데 구해 달라는 SOS 신호였던 것 같아. 혹시 공부 때문에 괴로운 거야? 학교에서 누군가 힘들게 하거나 가족, 친구에게도 말 못 할 고민이 있어? 나도 가끔 그런 기분이 들 때가 있어. 내 마음을 이해해 주는 사람이 아무도 없다고 느낄 때 말이야.

난 네가 정말 좋은 친구라고 꼭 말해 주고 싶어. 네가 웃을 때 주변 친구들도 저절로 따라 웃게 돼. 다른 사람이 싫어하는 일도 앞장서서 척척 해 내는 널 친구들이 얼마나 좋아하는데! 네가 얼마나 반짝반짝 빛나는데!

앞으로는 혼자 끙끙 대지 말고 나에게 말해 줘. 같이 해결 방법을 찾아 보자. 우리 둘만으로 힘들면 주위에 도움을 요청해도 되잖아. '슬픔은 나누면 반으로 줄고, 기쁨은 나누면 배로 늘어난다'는 말을 기억해. 이번 달 용돈 받으면 떡볶이집에 가서 신나게 수다 떨자.

깜짝 위기 2

 요리 누나가 이젠 필요 없다고 자기 장난감을 나한테 줬어. 무슨 일이 생긴 걸까?

그건 유치원 때 쓰던 장난감이라서 버리는 거다멍.

처음 본 사람이 직접 길을 알려 달라고 한다

맛있는 거에 넘어가지 마! #성폭력 #유괴

깜짝 위기 1

차가 서더니, 웬 아저씨가 가는 길까지 태워 준다.

방향이 같아도 절대 타면 안 돼. 얼굴을 아는 사람이라 해도 함부로 믿지 마.

낯선 사람을 만났을 때 기억할 것

운동장에서 놀거나 길을 걷고 있는데 낯선 사람이 다가와서 길을 알려 달라거나 핸드폰을 빌려 달라고 한 적 있어? 다른 사람을 도와주는 것은 바람직하지만, 항상 주의해야 해. 어떤 사람들은 나쁜 의도를 가지고 접근할 수 있기 때문이야.

1 인상이 좋은 사람은 따라가도 된다?

No 안전한 사람과 위험한 사람은 겉모습으로 구별할 수 없어. 나이, 성별도 상관없지.

이건 꼭 모르는 사람뿐 아니라 얼굴만 아는 사람도 경계해야 해. 따라오라고 하면 "안 돼요!" 하고 외치고, 주위 어른에게 알려.

2 내 이름을 아는 사람은 믿을 만하다?

No 한 번도 만난 적 없는데 이름을 부른다면 이상하지 않니? "너희 엄마가 부탁했어."라고 해도 따라가지 마.

이건 꼭 낯선 사람이 내 이름을 부르면 일일이 대꾸하지 마. 먼 친척이나 친구인 척 얘기한다면 부모님한테 확인부터 해.

3 공짜로 주는 선물은 받으면 안 된다?

YES 다른 사람이 주는 선물을 함부로 받지 마. 또 선물을 핑계로 다른 장소에서 설문지를 써 달라고 한다면 거절해.

이건 꼭 나쁜 사람은 어린이가 좋아할 만한 장난감이나 과자, 돈 등으로 꾀어낼 수 있어. 거짓으로 속이는 거지.

 어린이에게 도움을 요청하는 어른은 웬만해선 없어. 만약 네가 싫다고 하는데도 억지로 끌고 가려고 하면 있는 힘껏 도망치거나 큰 소리로 도와 달라고 말하자.

깜짝 위기 2

어떤 형이 공원 의자 틈에 강아지가 끼었다며 같이 가서 도와 달래.

보호자의 허락 없이 아무나 따라가면 위험하다멍.

 혼자 지름길로 가는데 수상한 사람이 따라온다

빠르다고 다 좋은 건 아니야!

#성폭력 #유괴

오아악 지각이다!

밤늦게까지 너튜브만 보지 않았어도….

잠깐, 여기로 가면 더 빠르겠는데?

큰길보다 10분은 절약할 수 있겠어!

근데 누가 꼭 따라오는 것 같아.

심지어 뭐라고 외치나 봐. 무서워.

나 참, 길에다 책을 흘려서 알려 주려고 했더니만….

안 되겠다. 젖 먹던 힘을 다해 달려야지!

저기, 학생!

걸음아, 나 살려라!

 깜짝 위기 1

엘리베이터에 낯선 사람과 단둘이 타면 무서울 때가 있어.

그럴 땐 엘리베이터를 타지 말고 바로 내려. 평소에 호루라기나 경보기를 가지고 다니자.

수상한 사람이 따라올 때

급할 때 사람이 많이 다니는 큰길보다 지름길을 이용하면 목적지에 빨리 도착하지. 하지만 지름길은 보통 복잡한 건물 사이에 숨어 있어. 자칫 길을 잃거나 나쁜 마음을 먹은 사람이 범죄를 일으킬 수 있어.

💬 수상한 사람은 어떤 특징이 있을까?

뒤에 따라오는 사람이 수상한 사람인지 그냥 길을 지나가는 사람인지 잘 살펴야 해. 만약 멀찍이 떨어져 일정한 거리를 유지한다면 경계하자. 너를 따라오는 거라면 네가 방향을 바꿀 때 그 사람도 따라서 바꿀 거야. 또 주변을 자꾸 두리번거리면 범죄를 저지를 기회를 엿보는 것일 수 있으니 조심하자.

💬 수상한 사람이 쫓아오면 어떻게 해야 할까?

① 서둘러 문제 상황이나 장소를 벗어나기

② 가까운 가게, 경찰서에 들어가 도움 요청하기

③ 부모님한테 연락해서 상황 알리기

💬 수상한 사람으로부터 나를 보호하려면 어떻게 해야 할까?

큰길을 이용하고, 골목을 다닐 땐 주변을 잘 살펴. CCTV가 설치된 곳을 알아 두고, 되도록 혼자 다니지 않는 게 좋아. 핸드폰은 항상 가지고 다녀서 위급할 때 즉시 연락할 수 있어야 해.

🚨 **깜짝 위기 2**

 집에 혼자 있는데 누군가 초인종을 눌렀어. 현관문 밖에 낯선 사람 얼굴이 보여.

아무도 없는 척 소리 내지 말고, 문이 잘 잠겼는지 확인해라멍.

사람들이 많은 곳에서 그만 길을 잃었다

난 누구? 여긴 어디?   #실종 #미아

위험수준 중위험 / 발생빈도 3

우아~
사람들 진짜 많아.
한참 기다려야겠다.
그래. 어린이날인데 이 정도쯤이야….

입에 넣기만 해도 사르르 녹는 솜사탕!
헤헤
그렇게 먹고 싶어?
아저씨, 솜사탕 2개 주세요.
여기 있습니다.

급류 타기가 어디였더라?
두리번 두리번
이쪽도 아니고
저쪽도 아냐.
어떡해! 아무래도 길을 잃은 것 같아!
그렁그렁

깜짝 위기 1

조리네 집에 놀러 갔다가 길을 잃을 뻔했어. 아파트가 너무 많지 뭐야!

친구네 집의 동과 호수를 정확하게 기억하고 있어야 한다멍.

솜사탕이 알려 주는 미아 예방 수칙

킁킁, 어디선가 달달한 냄새가 느껴지니? 난 어린이라면
누구나 좋아하는 솜사탕이야. 길을 잃어버려서 놀란 마음이 가라앉도록
달콤한 내가 도와줄게.

① 멈추기

② 생각하기

사람 많은 장소에서는 길을 잃어버리기 쉬워.
그럴 때는 '**미아 예방 3단계 수칙**'을 기억해.
1단계, 움직이지 말고 제자리에서 기다려.
2단계, 내 이름과 집 주소, 부모님 이름과 연락처를 떠올려 봐.
3단계, 주위 어른이나 안내소가 있다면 도움을 요청해.

③ 행동하기

또 만약을 대비해서 부모님과 약속 장소를 정해 두면 좋아.
무엇보다 사람이 붐비는 곳에서는 부모님 손을 잡고 다니며,
주변을 두리번거리거나 혼자 돌아다니지 마.

길을 잃었다고 너무 무서워하지 않아도 돼.
오늘 배운 내용을 따라 하면 사랑하는 가족을 꼭 만날 수 있어.

🚨 깜짝 위기 2

마트에서 새로 나온 장난감을 구경하다가 가족들을 놓치고 말았어.

그 자리에서 기다리거나 주위 사람들에게 도움을 요청해.

6. 약물 및 사이버 중독 예방

정신이 번쩍 깨는 느낌 때문에 오늘도 에너지 음료를 마셨니?
엄마 몰래 게임하느라 밤을 꼬박 샌 적 있니?
세상에는 신나는 일들이 참 많지만, 가장 중요한 것은 내 몸과 마음이야.

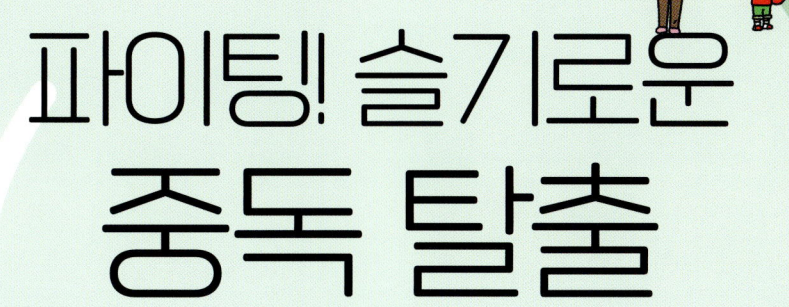

파이팅! 슬기로운 중독 탈출

감기약을 여러 알 먹었는데 배가 아프다

빨리 낫고 싶은 마음에…

#약물 중독 #약물 남용

깜짝 위기 1

약을 먹을 때 왜 꼭 물을 마셔야 할까? 딸기우유랑 먹고 싶어!

우유나 오렌지주스는 약의 흡수를 방해해서 효과를 떨어뜨릴 수 있어.

제대로 쓰면 약, 잘못 쓰면 독

계절이 바뀌면서 갑자기 날씨가 추워지면 감기에 걸리기 쉬워. 감기에 걸리면 열이 나거나 기침을 하고, 온몸이 찌뿌둥하지. 콧물이 흘러내리고 목도 아파. 이럴 땐 병원에 가서 진료를 받은 다음, 처방해 준 약을 먹고 푹 쉬어야 금방 나을 수 있어.

💬 약은 무엇일까?

약은 상처와 병을 치료하고 예방하기 위해 쓰는 물질이야. 약을 먹거나 바르면 몸 안에 흡수되어 온몸에 퍼지고, 변화를 일으키지. 올바르게 사용하면 효과가 있지만, 잘못 사용하면 독이 될 수 있어.

💬 약은 어떤 특징이 있을까?

약은 증상, 나이, 몸무게, 아픈 정도에 따라 종류와 용량이 달라. 약의 용량은 몸에 가장 안전하게 작용하도록 오랜 연구와 실험을 통해 정해진 거야. 약을 정해진 양보다 많이 먹으면 몸에 부담을 주고, 부작용이 생길 위험이 커져.

💬 안전하게 약을 사용하려면 어떻게 해야 할까?

비슷한 증상이라 해서 친구끼리 약을 나누어 먹으면 안 돼. 또 약은 설명서에 적힌 대로 일정한 시간에 정해진 양만큼 먹자. 식품에 소비 기한이 있는 것처럼 약에도 '사용 기한'이 있어. 오랜 시간이 지났다면 약이 변했을 수 있으니 버리는 게 좋아. 이때 약국이나 보건소에 있는 '폐의약품 수거함'을 이용해.

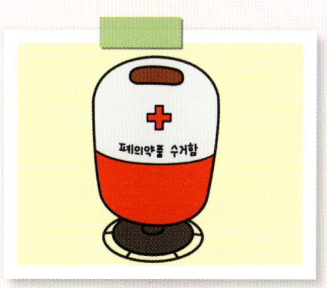

🚨 깜짝 위기 2

 알약을 누워서 먹다가 목에 걸렸어.

알약은 앉아서 고개를 약간 들고 먹어야 목구멍으로 넘기기 편하다멍.

엄마의 다이어트 약을 먹었더니 속이 메스껍다

중위험 | 1

쉽고 빠르게 날씬해질 수 있을까? #약물 중독 #약물 오용

주말에 수영장에 갈까?

오~ 무슨 바람이 분 거야?

자신감이 생겼거든. 이를테면 뱃살이라든가….

잘 모르겠어요.

그냥 빠졌다고 해.

거기 누구 있나요?

수영복을 입으면 요리 누가가 틀림없이 내 배를 보고 놀려 댈 거야.

그러고 보니 엄마가 먹던 다이어트 약이 어디 있을 텐데?

룰루랄라

찾았다!

이걸 먹으면 나도 날씬해지겠지?

내가 못 살아!

잠시 후

속이 왜 이렇게 울렁거리지?

어린이는 다이어트 약을 함부로 먹으면 안 된다고!

깜짝 위기 1

배가 아파서 약을 먹으려는데 이게 무슨 약인지 모르겠어.

약만 따로 빼 두지 말고, 증상을 설명하는 약 상자까지 잘 보관해야 해.

약에 대한 진실과 거짓

살 빼는 약, 다이어트 약으로 알려진 비만 치료제에는 배고픔을 덜 느끼게 하거나 포만감을 주는 식욕 억제제가 있어. 이때, 어린이가 식욕 억제제를 복용하면 가슴 두근거림, 어지러움, 구토뿐만 아니라 심리적으로 우울해지기도 하지. 잘못된 방법으로 약을 사용하면 큰 부작용을 낳을 수 있어.

1 식욕 억제제는 누구나 구입할 수 있다?

No 반드시 의사의 처방을 받아야 살 수 있어. 인터넷이나 개인에게 구하는 건 불법이야.

이건 꼭 초고도 비만인 사람을 제외한 16세 미만은 식욕 억제제를 처방받지 못하고, 먹어서도 안 돼.

2 공부를 잘하게 되는 약이 있다?

No 주의력이 부족해서 지나치게 산만하게 행동하는 증상을 치료하기 위한 약을 잘못 알고 있는 거야.

이건 꼭 '공부 잘하는 약'이란 존재하지 않아. 잠을 쫓거나 집중력을 높여 주는 약도 따로 없지.

3 약을 사용하다가 중독될 수 있다?

Yes 약을 적절히 사용하면 치료 효과가 있지만, 의사나 약사의 지시 없이 마음대로 약을 사용하면 중독될 수 있어.

이건 꼭 사용할 필요가 없는데도 누군가 약을 권하면 단호하게 거절해. 호기심으로라도 사용해서는 안 돼.

 학교나 학원 근처에서 낯선 사람이 '집중력에 좋은 약'이라면서 음료나 음식을 나눠 주면 받지 마. 새로운 마약 범죄 수법일 수 있어.

 깜짝 위기 2

너튜브 광고에서 본 몸짱이 된다는 약을 먹어 보고 싶어.

어릴 때 그런 약에 노출되면 오히려 성 조숙증이 생길 수 있다멍.

퇴근한 아빠한테서 담배 냄새가 풀풀 난다

아빠의 금연을 위한 폭탄선언

#약물 중독 #직접 흡연과 간접흡연

깜짝 위기 1

 단원 평가를 망쳤어! 내가 공부 못하는 이유는 간접흡연 때문이야.

흡연이 기억력을 나쁘게 하는 건 맞지만, 네가 공부를 안 하는 거잖아멍!

흡연이 위험한 이유

아빠께

요즘 퇴근한 아빠를 안을 때마다 담배 냄새가 심하게 나서 걱정이에요. 저뿐만 아니라 누나, 엄마도 같은 마음이래요.

아빠가 담배를 피우는 이유가 스트레스를 풀기 위해서라고 했죠? 수업 시간에 배웠는데 담배에는 타르, 일산화 탄소, 니코틴 같은 해로운 물질이 잔뜩 들어 있대요. 타르는 폐를 끈적끈적하게 더럽혀서 숨을 쉬기 힘들게 하고요. 일산화 탄소는 뇌에 산소 공급을 방해해서 기억력과 집중력을 떨어뜨려요. 니코틴은 뇌를 잠깐 기분 좋게 만들어서 자꾸 담배를 피우고 싶게 한대요.

흡연을 하면 조금만 운동해도 숨이 차고, 심하면 폐암, 심장병 등 무서운 병이 생길 수 있다면서요? 또 직접 담배를 피우지 않고 연기만 마셔도 건강이 나빠질 수 있고요. 간접흡연 때문에 성장이 느려질 수도 있다던데…. 아빠, 저는 키 크고 싶어요!

아빠와 우리 가족의 건강을 위해서 담배를 끊어 보는 건 어때요? 동네 보건소에서 운영하는 금연 상담소에 다니거나 우리랑 같이 운동, 취미 활동을 하면서 이겨내 봐요!

깜짝 위기 2

 며칠째 동네 아저씨가 밤새 노래를 불러서 시끄러워. 아니, 글쎄 밥 대신 술만 드신대!

 술을 계속 마시면 중독되어 똑바로 움직일 수 없고, 판단력도 떨어져.

 밤 새려고 에너지 음료를 마셨는데 가슴이 두근거린다

저위험 2

가슴이 두근대는 진짜 이유 #약물 중독 #고카페인 음료

안녕하세요. 파자마 파티하러 왔어요.

어서 와.

요리 누나는 어디 있어?

하니 누나랑 잠옷 갈아입고 나올걸?

두리번

요리 누나네 집에서 하룻밤이라니 떨려!

두근두근

엄마, 아빠 주무시면 게임하는 거 알지? 이거 마셔.

속닥속닥

이게 뭔데?

혹시 졸릴까 봐 준비한 비장의 무기지.

꿀꺽

슬슬 시작해 볼까?

꺄악 너무 귀엽잖아!

꺅 ♥

가슴이 왜 이렇게 빨리 뛰지?

쿵쿵쿵

에너지 음료 때문인가? 아니면 요리 누나?

 깜짝 위기 1

 콜라를 안 먹기로 결심한 지 3일째야. 왠지 초조하고 집중도 안 돼.

그럴 땐 콜라를 한 번에 끊지 말고 서서히 양을 줄여 나가.

카페인 섭취, 이것만은!

안녕하십니까?
골든 기자입니다.

지난밤, 한 초등학생이 밤새 게임하기 위해 에너지 음료 한 캔을 마셨다가 심장이 빠르게 뛰고 숨이 찬 일이 일어났습니다. 원인은 에너지 음료에 들어 있는 많은 양의 카페인 때문이었는데요.

카페인은 커피 우유, 에너지 음료, 초콜릿 등 우리가 자주 먹는 음식에 들어 있는 성분으로, 뇌와 신경을 깨워 졸음을 줄이는 효과가 있습니다. 적당히 섭취하면 잠시 집중력을 높여 주지만, 너무 많이 먹으면 심장 두근거림, 불면증, 두통 같은 부작용이 나타납니다. 특히, 한창 자라나는 어린이의 성장에 방해가 될 수 있지요.

카페인 중독 예방 수칙

① 제품의 카페인 함량을 확인하고, 하루 섭취 권고량 지키기 (체중 1kg당 2.5mg 이하 섭취)

② 졸리거나 목이 마를 때는 카페인 음료 대신 물 마시기

③ 카페인 음료가 생각날 땐 운동을 하거나 잠을 충분히 자기

④ 카페인이 없는 과일, 채소 등 건강한 음식 먹는 습관 들이기

깜짝 위기 2

 녹차를 마셨는데 잠이 안 와. 양을 백 마리째 세고 있어.

녹차에도 카페인이 들어 있으니 오후나 저녁에는 마시지 마라멍.

게임 카드를 모으느라 용돈을 다 써 버렸다

진짜 게임이 필요해! #사이버 중독 #인터넷 게임

깜짝 위기 1

하루에 한 번 문구점에 들러서 스티커를 사느라 용돈이 얼마 안 남았어.

쇼핑 중독 같은데? 그러다 정작 필요한 물건을 못 살 수도 있다멍.

게임 카드와 함께하는 게임 중독 탈출

후훗~ 왜 내 인기는 시간이 지나도 식지 않을까? 너무 유명해도 피곤해. 심지어 나를 사려고 용돈까지 다 써 버렸다면서?

네가 게임을 좋아하는 마음은 이해해. **하지만** 너무 깊이 빠지면 현실 세계에서 놓치는 것들이 많아져. 친구들과 신나게 노는 시간, 편안하게 잠을 자는 시간, 가족과 화목하게 보내는 시간 그리고 너의 용돈까지도 말이야. 이런 상태가 계속되면 나중에는 게임 없이 살기 힘든 '게임 중독'으로 이어질 수 있어.

일단 게임하는 시간을 정해 놓자. 또 쉬는 시간에 할 수 있는 다른 야외 활동을 찾아봐. 스스로 약속을 지키기 어렵다면 가족에게 털어놔. 마지막으로 네가 꼭 필요한 데 쓰고 남은 돈으로 나를 모아 봐. 그게 훨씬 소중할걸?

게임 자체는 나쁘지 않지만 **지나치면** 여러 문제가 생긴다는 점을 명심해. 하루 종일 게임을 하는 것보다 적당히 즐길 때 더 재미있고 오래 즐길 수 있어.

깜짝 위기 2

 친구들에 비해 내가 너무 뚱뚱한 것 같아요! 하루 종일 운동만 할래요.

지나친 운동은 성장기 어린이에게 해로워. 적당히 하는 게 좋아.

하루 종일 너튜브를 보다가 밥 먹는 것도 잊어버렸다

한번 빠지면 멈출 수 없어!

#사이버중독 #스마트폰

깜짝 위기 1

요즘 SNS하고, 웹툰 보느라 책 읽을 시간이 없어.

무엇이든 어느 한쪽으로 치우치면 안 돼. 일정한 시간을 정해서 딱 그만큼만 해.

스마트폰 중독에 빠지지 않는 방법

너튜브를 보다가 시간이 훌쩍 지나서 놀란 적 있어? 짧게는 몇 초부터 길게는 10분까지 한번 빠지면 멈추기가 어렵지. 스마트폰은 우리 생활을 편리하게 만들어 주는 도구지만, 지나치게 사용하면 큰 문제가 생길 수 있어.

💬 사람들은 왜 스마트폰에 중독될까?

맛있는 음식을 먹거나 게임을 할 때처럼 기분이 좋을 때, 뇌에서는 '도파민'이 나와. 스마트폰을 사용할수록 도파민이 많이 나오고 더 큰 자극을 찾게 돼. 점점 빠르고 자극적인 영상을 원하면서 스마트폰에서 벗어나지 못하는 거지.

💬 스마트폰에 중독되면 어떤 문제가 생길까?

스마트폰에 빠지면 목이나 손목, 눈이 피로해져. 또 일상생활이 지루해지지. 강한 자극에만 뇌가 반응하고, 느린 정보나 현실 세계에는 무감각해지는 거야. 공부나 일에도 집중하기 어려워. 심하면 계산력이나 기억력이 떨어지는 디지털 치매를 겪을 수도 있어. 가족, 친구들과 보내는 시간이 줄어들면서 대화가 단절되기도 해. 자연이나 취미 활동이 시시하게 느껴질 수 있어.

🚨 깜짝 위기 2

 쇼츠 영상을 보다가 학원 버스를 놓쳤어.

영상 시청 시간을 정하고, 알람을 맞춰 놓으면 도움이 된다멍.

🗨 스마트폰 중독의 종류에는 무엇이 있을까?

① 정보 검색 중독형	궁금한 게 생기면 바로 검색하고, 쓸데없는 정보까지 찾느라 시간을 씀
② SNS 중독형	블로그, 인별 등 SNS를 계속 확인해야 하고 '좋아요'나 댓글이 없으면 불안함
③ 영상 중독형	너튜브, 쇼츠, 릴스 같은 짧고 빠른 영상을 계속 봄
④ 모바일 게임 중독형	스마트폰용 게임을 시작하면 시간 가는 줄 모름
⑤ 앱 다운 중독형	앱스토어를 통해 새로 앱이 나올 때마다 내려받고 실행함
⑥ 메신저 중독형	전화보다 메신저 대화가 편하고, 대답이 없으면 불안함

스마트폰을 적당히 사용할 수 있도록 미리 시간을 정해. 주말이나 특정한 시간에는 스마트폰 없이 지내도 좋아. 악기, 요리, 미술 같은 새로운 취미를 만들면 스마트폰 중독을 예방할 수 있어.

여기서 Quiz Time

Q1 게임에서 져도 도파민이 나온다. ○ ✕

Q2 스마트폰을 많이 하면 도파민이 과도하게 분비된다. ○ ✕

Q3 스마트폰에 중독되면 약한 자극에 뇌가 반응한다. ○ ✕

Q4 쓸데없는 정보까지 찾는 것은 스마트폰 중독이라고 볼 수 없다. ○ ✕

Q5 스마트폰 사용은 무조건 해롭다. ○ ✕

정답 Q1.○ Q2.○ Q3.○ Q4.✕ Q5.✕

"스마트폰 중독 체크리스트"

나의 스마트폰 사용 습관은 **이대로 괜찮을까?** 스스로 잘 조절하면서 건강하게 스마트폰을 사용하고 있는지 점검해 보자.

- ☐ 자기 전까지 스마트폰을 사용한다.
- ☐ 아침에 일어나자마자 스마트폰을 본다.
- ☐ 밥 먹을 때 스마트폰을 본다.
- ☐ 친구와 놀 때도 자꾸 스마트폰을 보고 싶다는 생각을 한다.
- ☐ 스마트폰을 확인하느라 공부나 숙제에 집중하지 못하고 멈춘다.
- ☐ 하루 3시간 이상 스마트폰을 사용한다.
- ☐ 스마트폰을 사용하다 보면 시간이 30분 이상 지나 있다.
- ☐ 와이파이가 안 잡히면 불안하다.
- ☐ 스마트폰 배터리가 없으면 불안하다.
- ☐ 부모님이 스마트폰을 그만하라고 하면 짜증이 난다.

0~4개	5~7개	8개 이상
짝짝짝~ 바른 생활 어린이, 앞으로도 쭉 이렇게만 사용해!	스마트폰 중독과 올바른 사용은 한 끗 차이, 좀만 더 줄이자.	삐용삐용~ 스마트폰 중독 위험! 노력이 필요한 너, 반성해!

내가 스마트폰 중독이라니 믿을 수 없어!

발행일 | 2025년 4월 1일

기획 및 감수 | 세이프키즈코리아
글 | 홍옥
그림 | 유재영

펴낸곳 | 메가스터디(주)
펴낸이 | 손은진
개발 책임 | 김문주
개발 | 김숙영, 민고은, 서은영
디자인 | 수박나무
마케팅 | 엄재욱, 김상민
제작 | 이성재, 장병미
주소 | 서울시 서초구 효령로 304(서초동) 국제전자센터 24층
대표전화 | 1661-5431
홈페이지 | http://www.megastudybooks.com
출판사 신고 번호 | 제 2015-000159호
출간 제안/원고투고 | 메가스터디북스 홈페이지 〈투고 문의〉에 등록

*잘못된 책은 구입하신 곳에서 바꾸어 드립니다.

메가스터디BOOKS

'메가스터디북스'는 메가스터디㈜의 교육, 학습 전문 출판 브랜드입니다.
초중고 참고서는 물론, 어린이/청소년 교양서, 성인 학습서까지 다양한 도서를 출간하고 있습니다.

- 제품명 별별 궁금증 : 어린이 생활 안전
- 제조자명 메가스터디(주) • 제조년월 판권에 별도 표기 • 제조국명 대한민국 • 사용연령 3세 이상
- 주소 및 전화번호 서울시 서초구 효령로 304(서초동) 국제전자센터 24층 / 1661-5431